ISBN: 978-1-7372041-3-8 (Edición especial de tapa dura)
ISBN: 978-1-7372041-4-5 (Libro de tapa blanda)
ISBN: 978-1-7372041-5-2 (EPUB)
Portada y arte interno por @BitcoinUltras.

Gráficos por Sanjay Mavinkurve.
Diseño de portada e interior por Anton Khodakovsky.
Traducido por Carlos Beltrán y Julio Azcárraga.
www.bullishcaseforbitcoin.com

IMPRESO EN LOS ESTADOS UNIDOS DE AMÉRICA.

La Tesis Alcista del Bitcoin

VIJAY BOYAPATI

CONTENIDO

Para Addie, Will y Vivi, para quienes creo
fervientemente que Bitcoin traerá un mundo mejor

Traducido por

Carlos Beltrán y Julio Azcárraga

PRÓLOGO

La pandemia de 2020 alteró la economía del mundo, forzando 10 años de transformación digital en un lapso de meses. Las ofertas exclusivamente digitales explotaron en popularidad y muchos servicios tradicionales presenciales tuvieron que detenerse. Millones de empresas y miles de millones de personas se vieron atrapadas en medio de la mayor perturbación de sus vidas.

Durante el segundo trimestre de 2020, nuestras empresas lucharon para adaptarse a las nuevas limitaciones de un mundo post-COVID. El resultado fue una compañía de software empresarial optimizada con 500 millones en efectivo y más en camino. Nuestro desafío comercial inmediato fue superado, pero en la distancia se vislumbraba una amenaza aún mayor para nuestra supervivencia.

La respuesta del gobierno de los Estados Unidos ante la pandemia fue triplicar la tasa de inflación monetaria. En esencia, el costo del capital se excedió en un 20%, mientras que los rendimientos esperados por cualquier estrategia convencional de inversión de tesorería eran de 0%. Esto hizo que nuestras reservas de efectivo, así como nuestros flujos a futuro se convirtieran en una pesada carga sobre nuestros hombros. Una acción de valor estable y rentable, con un crecimiento sustancialmente más lento que la tasa de inflación monetaria, no sirve como reserva de valor y pierde rápidamente el apoyo de la comunidad de inversionistas.

Este problema existió durante la década previa a la pandemia, aunque con un menor nivel de intensidad. Entre 2010 y 2019, la tasa de inflación monetaria fue de aproximadamente el 7% y los inversionistas presionaron sin cesar a los directores ejecutivos y financieros para que aumentaran sus flujos de efectivo sobre esta tasa utilizando cualquier medio necesario. Eso a menudo significó endeudarse y utilizar todos los flujos de efectivo disponibles para recomprar acciones o realizar una serie de adquisiciones, utilizando combinaciones de deuda y capital para mantener los ingresos y los flujos esperados creciendo más rápido que esta tasa de rentabilidad. Las adquisiciones fueron generalmente diluyentes a largo plazo y, a medida que los administradores luchaban por integrar los objetivos de la adquisición, perdieron el enfoque de su negocio principal. Cuando cada negocio se apalancaba por completo con deuda, o cuando no había más adquisiciones por hacer, llegaban al final de la línea.

La tasa de rentabilidad del 7% resultó en una tasa de mortalidad del 99% durante los 20 años posteriores a la salida a bolsa de nuestra empresa, llevando a una corporación tras otra a llegar más allá de su alcance, comprometiendo su balance con demasiada deuda y complicando sus estados de ganancias y pérdidas con demasiadas unidades de negocio diferentes. Cuando la tasa de rentabilidad se triplicó en el segundo trimestre de 2020, quedó claro que ya no podíamos "seguir adelante" con esta carga inflacionaria colgando sobre nuestras cabezas. De continuar con los negocios de la manera habitual, el valor creado por millones de actividades y miles de empleados cada año, se veía debilitado significativamente por la decisión de algunos banqueros centrales de imprimir más dinero. El camino a la servidumbre consiste en trabajar exponencialmente más duro por una moneda que se debilita de manera exponencial.

La solución a nuestro problema se presentó por sí misma en forma de una recuperación con forma de K. En esencia, *Wall Street* se recuperó rápidamente debido al estímulo monetario, mientras que *Main Street* continuó deteriorándose. La clave para la vitalidad económica en tiempos de gran inflación monetaria, es un amplio balance de activos que logren apreciarse más rápidamente que la tasa de devaluación de la moneda. Como consecuencia, iniciamos la búsqueda de la combinación de activos adecuada para colocar en nuestro balance general en lugar de efectivo y bonos del tesoro. Fue durante esta búsqueda que descubrimos Bitcoin y esta maravillosa tesis elaborada por Vijay Boyapati.

La Tesis Alcista de Bitcoin, publicada por primera vez como un artículo detallado, representa una proeza intelectual entregada con elegancia y clarividencia por un erudito versado en matemáticas, informática, economía, filosofía, política e ingeniería. Después de marzo de 2020, fue evidente para mí que el mundo necesitaba un nuevo dinero basado en la tecnología. Sin embargo, en febrero de 2018, cuando Boyapati publicó por primera vez su artículo, esta idea requirió mucha mayor perspicacia, coraje y convicción.

De manera clara y concisa, Boyapati presenta la teoría del dinero, la anatomía de Bitcoin, las razones por las que es superior al patrón oro y al dinero fiduciario que lo precedieron, y la promesa que ofrece a la civilización humana. Describe la ruta y trayectoria de un activo recientemente monetizado en términos que una persona desconocedora del tema pueda entender, y aborda las preocupaciones que surgen con mayor frecuencia cuando los recién llegados luchan por comprender la esencia y el significado de esta primera red monetaria digital. *La Tesis Alcista de Bitcoin* me cautivó inmediatamente cuando lo leí por primera vez y lo hice parte de la lectura recomendada para todos los funcionarios y directores de mi empresa mientras nos educábamos sobre Bitcoin y considerábamos el camino lógico a seguir. En este libro, Boyapati actualiza y amplía significativamente las ideas presentadas en su artículo original.

En el tercer trimestre de 2020, MicroStrategy decidió adoptar Bitcoin como nuestro principal activo de reserva de tesorería, convirtiéndose en la primera empresa que cotiza en bolsa en pasar a un patron Bitcoin, y eventualmente, adquirimos miles de millones de dólares en Bitcoin. Recomendamos *La Tesis Alcista de Bitcoin* a cualquiera de nuestros empleados, accionistas o electores que deseen comprender la premisa y la promesa de Bitcoin, como un activo de tesorería digital y como la primera red monetaria digital del mundo. Espero que usted se beneficie de este trabajo tanto como nosotros.

MICHAEL J. SAYLOR
Presidente CEO
MicroStrategy
Miami Beach, Florida
27 de marzo de 2021

INTRODUCCIÓN

PROMETEO

El misterioso origen de Bitcoin parece demasiado improbable para ser real. Si bien es posible que nunca conozcamos todos los detalles, sabemos que fue algo como esto: el 3 de enero de 2009, una persona no identificada, en un lugar desconocido, presionó una tecla en el teclado de su computadora e inició uno de los programas más importantes de la historia. La computadora comenzó a buscar un patrón particular conocido como hash, una aguja digital en un pajar, que aseguraría el primer bloque en un libro mayor de transacciones financieras que hoy en día se conoce como *blockchain*. En pocos minutos u horas, nadie sabe con certeza cuánto tiempo, se encontró el primer *hash*, completando así el bloque génesis que le dio vida a la primera moneda digital verdaderamente descentralizada del mundo. Sorprendentemente, la identidad de la enigmática figura que creó Bitcoin sigue siendo desconocida hasta el día de hoy. Solo conocemos su seudónimo: Satoshi Nakamoto.

Apenas dos meses antes, el 31 de octubre de 2008, Nakamoto había anunciado una especificación técnica para Bitcoin a la lista de correo de criptografía, una lista de correo electrónico para personas interesadas en el estudio y descifrado de códigos.[1] Muchos de los miembros de la lista se referían a sí mismos como *cypherpunks* y estaban decididos a remodelar la sociedad y liberarla del estado, utilizando herramientas criptográficas para incrementar su privacidad. El correo de Nakamoto fue su primera publicación en la lista, y recibió poca fanfarria y escepticismo generalizado después de su publicación. Incluso entre este grupo, repleto de historias e intentos de inventar una moneda digital, pocos entendieron la importancia del anuncio de Nakamoto. Una excepción fue Hal Finney, un talentoso criptógrafo e informático que había dedicado gran parte de su carrera a la creación de una moneda digital por lo que estaba familiarizado con las dificultades inherentes de hacerlo. Sobre el anuncio de Bitcoin, Finney contó más tarde:

> La reacción al correo de Satoshi anunciando Bitcoin en la lista de correo de criptografía, fue de escepticismo en el mejor de los casos. Los criptógrafos han visto demasiados planes grandiosos de novatos sin idea alguna. Suelen tener reacciones poco meditadas.[2]

Finney falleció trágicamente el 28 de agosto de 2014 por complicaciones derivadas de la enfermedad de Lou Gehrig.

---

1   http://bullishcaseforbitcoin.com/references/bitcoin-announcement
2   http://bullishcaseforbitcoin.com/references/finney-skepticism

Había realizado numerosas contribuciones importantes al desarrollo de una moneda digital, especialmente a Bitcoin.

EL NUDO GORDIANO

Desde que Tim May, un científico retirado de Intel y fundador del movimiento *cyphepunk*, presentó *El Manifiesto Cripto Anarquista* a un pequeño grupo de radicales con ideas afines en Silicon Valley, en 1992, los cypherpunks entendieron la importancia crítica de desarrollar una forma de dinero digital y apátrida. Como lo escribió May en su manifiesto:

> La tecnología informática está a punto de poder proporcionar a individuos y grupos la capacidad de comunicarse e interactuar entre sí de una manera totalmente anónima. Dos personas pueden intercambiar mensajes, realizar negocios y negociar contratos electrónicos sin conocer el verdadero nombre o la identidad legal de la otra.[3]

Sin embargo, para llevar a cabo un negocio se requiere dinero. El dinero es el bien más importante en cualquier economía desarrollada porque actúa como la base del comercio y el ahorro. El oro, el antiguo y venerable metal precioso, cumplió este papel durante milenios, pero su carácter físico era un talón de Aquiles que lo hizo vulnerable a la centralización, la confiscación y al ataque estatal.

---

3   http://bullishcaseforbitcoin.com/references/anarchist-manifesto

El estatus del oro como dinero global fue finalmente derogado durante el siglo XX a medida que el estado dominó la emisión y administración de dinero. Los *cypherpunks* esperaban desarrollar una moneda digital inmune al poder coercitivo del estado, con el deseo de facilitar los pagos anónimos y superar las vulnerabilidades del oro.

En 1983, el científico informático estadounidense David Chaum publicó un diseño para eCash, el primer intento de utilizar la criptografía para crear un sistema que protegiera la privacidad financiera de sus usuarios. En 1989, Chaum fundó una empresa llamada DigiCash para comercializar su invento, pero financieramente hablando nunca fue un éxito. Además, como eCash estaba vinculado a la empresa que lo creó, sufría el problema de la centralización: si el dinero lo emite una autoridad central, esa autoridad representa un punto único de falla. Y, de hecho, el sistema eCash cerró cuando DigiCash quebró en 1998. Por lo tanto, la creación de una forma digital de dinero sin una autoridad central fue un desafío clave que ocupó a algunos de los criptógrafos y *cypherpunks* más talentosos durante la década de 1990.

Si bien, a finales de los 90, *cypherpunks* como Adam Back, Nick Szabo y Wei Dai lograron avanzar significativamente en el desarrollo de una moneda digital, quedó un problema crucial sin resolver: ¿cómo mantener la escasez digital cuando no hay una autoridad central que la haga cumplir? Ya en el siglo XVI, la Escuela Española de Salamanca había reconocido que el valor del dinero deriva de su escasez. Sin embargo, en el ámbito digital, donde la información puede ser copiada y transmitida a bajo costo, la escasez hasta ahora solo había sido posible mediante el uso del poder estatal, como es el caso de la propiedad intelectual.

El sistema HashCash del criptógrafo británico Adam Back, inventado en 1997, contribuyó con un concepto clave necesario para el desarrollo de un sistema viable de escasez digital: prueba de trabajo. Originalmente buscando mitigar el problema, cada vez más costoso, del correo no deseado, Back propuso un sistema en el cual una computadora buscaba un *hash* que solo se podía encontrar mediante una búsqueda exhaustiva, esto requería gastar energía y, por lo tanto, costaba dinero. Una vez producido, la autenticidad de un hash podía verificarse rápida y económicamente y a la vez usarse como medida de la energía consumida y costo aproximado. Un *hash* era, esencialmente, la prueba criptográfica del trabajo realizado. Según el esquema de Back, los remitentes de correo electrónico tendrían que adjuntar un *hash* único a cada correo electrónico para demostrar que incurrieron en un costo, así fuese algo insignificante como una centésima de centavo. El costo no afectaría el uso regular, pero enviar correos electrónicos no deseados en masa se volvería prohibitivamente costoso. Desafortunadamente, a HashCash le faltaron elementos esenciales que le permitieran funcionar como dinero y no tuvo éxito comercial. Sin embargo, el concepto de prueba de trabajo resultaría crucial para coordinar actores desconocidos en| un sistema descentralizado.

En 1998, el ingeniero informático estadounidense Wei Dai propuso un sistema conocido como b-money buscando resolver el defecto crítico del eCash de Chaum: su centralización. En lugar de requerir una autoridad central que mantuviera una oferta limitada de dinero, Dai concibió un sistema distribuido donde cada participante de la red mantendría por separado un libro mayor, o *ledger*, donde se registraba cuánto dinero tenía actualmente cada uno, haciendo ineficaz la coerción estatal sobre cualquier participante en particular. Sin embargo, la propuesta de Dai no era práctica porque asumió que los canales de comunicación estaban permanentemente conectados, se podía acceder a ellos casi instantáneamente y permanecían inalterables por terceros. Su sistema nunca se implementó.

El mismo año en que Dai propuso b-money, el erudito estadounidense Nick Szabo diseñó otro sistema para la creación de dinero digital conocido como bit gold. Al igual que b-money, el bit gold nunca se implementó, pero el sistema de Szabo dio un paso crítico al replantear el problema de la escasez no como la falta de una sustancia física, sino como la cualidad de ser verificablemente costoso de producir. Su neologismo para esta cualidad fue "costo infalsificable". El bit gold de Szabo partió de la prueba de trabajo de Adam Back y permitió a los usuarios del sistema acuñar *tokens* al proporcionar un *hash* cuyo costo infalsificable actuaría como factor limitante al aumento de la oferta monetaria. La posesión de los *tokens* podría rastrearse en un registro distribuido entre muchas computadoras conocido como club de propiedad, algo parecido al b-money de Dai pero funcionalmente distinto.

Aunque se acerco mucho a una solución para la descentralización del dinero, el diseño de Szabo tenia algunos inconvenientes importantes. En primer lugar, a medida que la potencia de procesamiento de las computadoras incrementara, un *hash* producido en el pasado sería más fácil de producir en el presente, esto significa que el valor de los *hashes* producidos en diferentes puntos en el tiempo no serían equivalentes, rompiendo una propiedad importante del dinero llamada fungibilidad. Por lo tanto, bit gold crearía una mercancía digital más parecida a los diamantes, cuya forma y calidad irregular hacen que no sean fácilmente intercambiables entre sí, que al oro. En segundo lugar, el concepto del club de propiedad era vulnerable a los ataques Sybil, donde se crean numerosos miembros falsos que informan saldos falsos para acreditar al atacante dinero que realmente no tiene. Si bien Szabo ideó soluciones a estos problemas, eran complejas y bit gold se mantuvo como algo teórico.

Con el paso del nuevo siglo, la esperanza en el sueño *cypherpunk* de una moneda digital descentralizada, disminuyó. Hal Finney, que había prestado mucha atención a cada uno de los intentos de crear una forma de dinero sin estado, intentó resucitar el sueño en 2004 cuando diseñó un sistema conocido como RPOW (*Reusable Proofs of Work*) que consistía en una versión simplificada del bit gold de Szabo. A diferencia de Szabo o Dai, Finney implementó un prototipo funcional de su sistema, pero RPOW sufrió un problema similar al eCash de Chaum al depender de una autoridad central. Finney intentó mitigar el problema de la centralización reemplazando la autoridad central con un dispositivo de hardware inviolable que pudiera atestiguar de manera remota la información correcta de saldo para los usuarios del sistema. El dispositivo de hardware sería más confiable que una empresa coercible, pero aún así podría ser apagado fácilmente.

En 2008, cuando el mundo se hundía en la peor crisis económica en generaciones, la mayoría de los miembros de la lista de correo de criptografía habían llegado a la conclusión de que probablemente era imposible crear una moneda digital descentralizada. En consecuencia, cuando Satoshi Nakamoto anunció con confianza que había resuelto los problemas del dinero descentralizado, muy pocos miembros de la lista lo tomaron en serio.

EL DESCUBRIMIENTO

Semanas después del anuncio de Bitcoin, Hal Finney comenzó a acribillar a Satoshi Nakamoto con preguntas sobre su nuevo invento. Finney reconoció rápidamente la brillantez de Bitcoin y el ingenioso salto imaginativo que Nakamoto había dado para crear una nueva forma de dinero digital sin un punto central de autoridad. Ninguna de las ideas componentes de Bitcoin era nueva, y no había ninguna novedad en la criptografía, pero Nakamoto había organizado el sistema con un equilibrio perfecto de incentivos económicos y garantías criptográficas.

Como parte de su diseño, Nakamoto había resuelto un problema fundamental de la informática planteado por primera vez a fines de la década de 1970, conocido como el Problema de los Generales Bizantinos: ¿cómo pueden partes dispares que no confían entre sí e incluso pueden ser antagónicas, coordinarse para lograr una meta en común sin depender de un intermediario de mutua confianza? Como lo explicó Nick Szabo en 2011:

> Nakamoto mejoró una deficiencia de seguridad significativa que tenía mi diseño [de bit gold], al requerir que una prueba de trabajo sea un nodo en el resistente sistema par-a-par Bizantino para así disminuir la amenaza de que una parte no confiable controle la mayoría de los nodos y, de esa forma, corrompa una serie de características de seguridad importantes. Siendo una característica obvia en retrospectiva, pero no tan obvia previsiblemente.[4]

Fue un significativo avance técnico, y aunque el 31 de octubre de 2008 no fue inmediatamente obvio para la mayoría de los miembros de la lista de correo de criptografía, la invención de Satoshi Nakamoto eventualmente cambiaría al mundo.

---

4   http://bullishcaseforbitcoin.com/references/szabo-bit-gold

CAPÍTULO 1

GÉNESIS Y LOS ORÍGENES DEL DINERO

Con la capitalización de mercado de Bitcoin superando el billón de dólares, podríamos pensar que la tesis alcista para inversionistas es demasiado obvia para ser desarrollada. Por el contrario, podría parecer estúpido invertir en un activo digital que no está respaldado por ningún gobierno o bien tangible y cuya subida de precio ha conseguido que lo comparen con la burbuja de los tulipanes o de las punto com. Ninguna de las dos posturas es correcta. La tesis alcista de Bitcoin es convincente, pero dista de ser obvia. Existen riesgos significativos al invertir en Bitcoin, pero como veremos, también existe una inmensa oportunidad.

GÉNESIS

Nunca en toda la historia ha sido posible transferir valor entre personas distantes sin confiar en intermediarios como bancos o gobiernos. En 2008 Satoshi Nakamoto, cuya identidad es desconocida, publicó una solución de 9 páginas a un conocido y no resuelto problema de sistemas

informáticos: el Problema de los Generales Bizantinos.[5]
La solución de Nakamoto y el sistema que construyó partiendo de la misma (Bitcoin), permitieron por primera vez transferir valor de forma rápida, a gran distancia y sin necesidad de confiar en un intermediario. Las ramificaciones de la creación de Bitcoin son tan profundas tanto para la economía como para la ingeniería informática que Nakamoto debería ganar un Nobel en economía y también un premio Turing, distinción dual que solo ha recibido una persona, Herbert Simon.

Para un inversionista, el hecho más sobresaliente en la invención de Bitcoin es la creación de un nuevo y escaso bien digital: los bitcoins. Los bitcoins son fichas digitales transferibles que se crean dentro de la red de Bitcoin a través de un proceso conocido como *minería*. La *minería* de Bitcoin es en cierta forma análoga a la del oro, excepto en que la producción sigue un calendario preestablecido. Por diseño, sólo podrán "extraerse" 21 millones de bitcoins, y de ellos ya han sido minados la mayor parte (aproximadamente 18.7 millones cuando escribo esto). Cada 4 años el número de bitcoins que producen los mineros se reduce a la mitad y para el año 2140 la producción de nuevos bitcoins se habrá detenido por completo.

Los bitcoins no están respaldados por ningún bien físico, ni garantizados por algún gobierno o empresa, lo que provoca la pregunta obvia de cualquier nuevo inversionista: ¿Cómo pueden siquiera valer algo? A diferencia de las acciones,

---

5   http://bullishcaseforbitcoin.com/references/white-paper

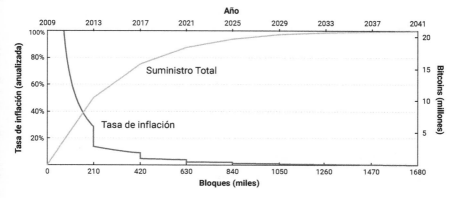

Inflación de Bitcoin en el tiempo

bonos, bienes raíces o las materias primas como el petróleo o el trigo, los bitcoins no se pueden valorar usando análisis de flujos de caja ni por su demanda para la fabricación de otros productos. Los bitcoins son parte de una categoría completamente diferente de bienes, conocida como bienes monetarios, cuyo valor se establece mediante teoría de juegos: cada participante en el mercado lo valora estimando la valoración del resto de los participantes. Para comprender esta característica de los bienes monetarios debemos explorar el origen del dinero.

LOS ORÍGENES DEL DINERO

En las primeras sociedades humanas, el comercio entre grupos se realizaba mediante intercambio (o trueque). Las terribles ineficiencias del trueque limitaban drásticamente la escala del comercio, tanto en cantidad como geográficamente. Una gran desventaja en el intercambio basado en trueque es el problema de la doble coincidencia de necesidades. Si un agricultor que siembra manzanas desea comerciar con un pescador, pero en ese momento el pescador no quiere manzanas el trueque no llegará a realizarse.

Con el tiempo los humanos desarrollamos el deseo de coleccionar ciertos artículos dependiendo de su rareza o valor simbólico. Los ejemplos incluyen conchas, dientes de animales y distintos tipos de piedras. De hecho, como argumenta Nick Szabo en su brillante ensayo sobre el origen del dinero, el deseo humano de guardar estos coleccionables le dio al hombre primitivo una ventaja evolutiva sobre su competencia más cercana, los neandertales.

Como escribió Szabo, "la principal función evolutiva de los coleccionables fue como medio para almacenar y transferir riqueza".[6]

Los coleccionables sirvieron como una especie de "proto-moneda" haciendo posible el comercio entre tribus antagonistas, al permitir la transferencia de riqueza entre generaciones.

El comercio y las transacciones de coleccionables no eran muy frecuentes en las sociedades paleolíticas; las piezas se usaban principalmente como depósito de valor y de menor manera como un medio de intercambio que es la función que normalmente le otorgamos al dinero moderno. Szabo explica:

Comparado con el dinero moderno, el dinero primitivo tenía muy baja velocidad, es decir, cambiaba

6   See http://bullishcaseforbitcoin.com/references/shelling-out

de manos solo unas pocas veces durante el tiempo promedio de vida de una persona. Sin embargo, una pieza duradera, a la cual hoy llamaríamos una reliquia de familia, podría perdurar durante muchas generaciones, acumulando substancial-mente valor con cada transferencia, y en ocasiones haciendo esta misma transferencia posible.

El hombre primitivo se enfrentaba a un arduo dilema de teoría de juegos al decidir qué coleccionables produc-ir o atesorar: ¿Qué objetos serían deseables para otros humanos? Anticipar correctamente qué objetos tendrían demanda por su valor como coleccionables le otorgaría al poseedor una ventaja enorme para comerciar y adqui-rir riqueza. Algunas tribus de indios americanos como los Narragansetts, se especializaron en la fabricación de coleccionables que no tenían otro valor más que su utili-dad para el comercio. Es interesante destacar que cuanto antes se anticipe la demanda futura de un objeto coleccio-nable, mayor es la ventaja para el poseedor que lo podrá adquirir más barato y beneficiarse más del aumento de valor comercial a medida que la población que lo demanda crece. Es más, adquirir un bien con la esperanza de que se convierta en un futuro depósito de valor acelera su adop-ción para dicho propósito. Esta aparente circularidad es realmente un bucle de retroalimentación que empuja a la sociedad a converger rápidamente en un único depósito de valor. En teoría de juegos esto se conoce como "Equilibrio

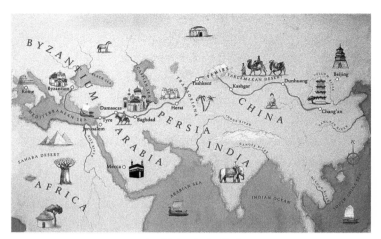

La Ruta de la Seda

de Nash".[7] Lograr el Equilibrio de Nash sobre un depósito de valor trae grandes beneficios para una sociedad ya que facilita el comercio y la especialización del trabajo, cimentando el camino hacia el avance de la civilización.

A través de los milenios, a medida que las sociedades humanas crecieron y desarrollaron rutas comerciales, los depósitos de valor instaurados en las diferentes culturas tuvieron que competir entre sí. Los mercaderes y comerciantes debieron decidir si almacenar el fruto de su trabajo en el depósito de valor de su propia sociedad, en el de aquella con la que comerciaban, o incluso parte en cada uno. Mantener ahorros en un depósito de valor extranjero facilita el comercio con esa sociedad, pero además las personas que poseen dinero extranjero tienen un incentivo para alentar su adopción dentro de su propia sociedad, ya que así aumenta la capacidad de compra de sus ahorros.

7   http://bullishcaseforbitcoin.com/references/nash-equilibrium

Pero no termina aquí; adoptar un depósito de valor importado no beneficia solo a los comerciantes importadores, sino a ambos países en su conjunto. Dos sociedades convergiendo en un único depósito de valor se beneficiarían de una disminución sustancial en el coste del comercio bilateral y el consiguiente aumento de la riqueza proveniente de dicho comercio. De hecho, en el siglo XIX por primera vez la mayor parte del mundo coincidió en un único depósito de valor: el oro. Dicho periodo disfrutó de la mayor expansión del comercio de la historia. Lord Keynes escribió sobre este próspero periodo:

> Qué extraordinario episodio del progreso humano fue aquella época [...] para cualquier hombre con capacidad o carácter superior al promedio, de clase media o alta, a quien la vida ofrecía a bajo coste y con poco esfuerzo, beneficios, comodidades y diversiones más allá del alcance de los reyes más ricos y poderosos de otros tiempos. El habitante de Londres podía pedir por teléfono, tomando su té matinal en la cama, diferentes productos del mundo entero, en la cantidad que estimase conveniente, y asumir que serían entregados prontamente en su puerta.[8]

---

8   http://bullishcaseforbitcoin.com/references/lord-keynes-quote

CAPÍTULO 2

LOS ATRIBUTOS DE UN BUEN DEPÓSITO DE VALOR

Cuando los depósitos de valor compiten entre sí, sus propiedades específicas inclinan la balanza hacia uno u otro, aumentando paulatinamente la demanda de la ganadora. Históricamente, distintos bienes se han utilizado como depósito de valor y el tiempo nos ha demostrado que un depósito de valor ideal debe ser:

- **Duradero**: El bien no debe ser perecedero o fácilmente destruible. Por esta razón, el trigo no es un depósito de valor ideal.
- **Portátil**: Debe ser fácil de transportar y almacenar, permitiendo protegerlo de una posible pérdida o robo y al mismo tiempo facilitando su intercambio a largas distancias. Por lo tanto, una vaca es menos ideal que un brazalete de oro.
- **Fungible**: Cualquiera de sus unidades debe poder ser reemplazada por otra sin que su valor se modifique. Sin este atributo no podemos resolver el problema de la doble coincidencia de necesidades. En este sentido el oro es mejor depósito de valor que los

diamantes, que difieren entre sí no solo en su forma sino también en su calidad.

- **Verificable**: Su autenticidad debe poderse identificar y verificar rápida y fácilmente. Comprobar de forma sencilla que la pieza es auténtica brinda confianza a ambas partes de una transacción, incrementando las posibilidades de que la misma se lleve a cabo.

- **Divisible**: Una unidad debe poder subdividirse fácilmente. Aunque este atributo era menos importante para las sociedades primitivas donde el comercio era menos frecuente, fue ganando importancia a medida que el comercio se expandió y las cantidades a intercambiar se hicieron más pequeñas y precisas.

- **Escaso**: Tal como lo definió Nick Szabo, un bien monetario debe tener un "costo infalsificable", es decir, el bien no debe ser abundante ni fácil de obtener o producir en cantidades. La escasez es tal vez el atributo más importante de un depósito de valor debido al deseo innato de la humanidad de atesorar aquello que es raro. Es lo que realmente hace valioso a un depósito de valor.

- **Trayectoria establecida**: Cuanto más tiempo la sociedad perciba que un objeto es valioso, más atractivo resulta para almacenar riqueza. Un depósito de valor consolidado será difícil de reemplazar por uno nuevo, a menos que se utilice la fuerza o que el nuevo bien posea ventajas significativas entre los atributos mencionados anteriormente.

- **Resistente a la censura**: En nuestra sociedad digital, donde cada vez somos más vigilados, este es un atributo nuevo que ha ganado importancia. Se refiere a la dificultad para que un tercero, como una corporación o un gobierno, expropie el bien o evite que el dueño pueda usarlo. Los bienes que son resistentes a la censura son perfectos para quienes viven bajo regímenes que imponen controles al capital o prohíben otras formas de intercambio pacifico.

En la siguiente tabla se comparan Bitcoin, el oro y dinero fiduciario (como el dólar) según los atributos mencionados anteriormente. A continuación, explicaremos la razón de cada calificación:

	Bitcoin	Oro	Dinero Fiduciario
Durabilidad	B	A+	C
Portabilidad	A+	D	B
Fungibilidad	B	A	B
Verificabilidad	A+	B	B
Divisibilidad	A+	C	B
Escasez	A+	A	F
Trayectoria establecida	D	A+	C
Resistencia a la censura	A	C	D

DURABILIDAD

El oro es el rey indiscutible de la durabilidad. La mayoría del oro que ha sido minado o acuñado, incluyendo el oro de los Faraones Egipcios, aún existe y muy probablemente seguirá disponible dentro de mil años. Las monedas de oro utilizadas como dinero en la antigüedad aún mantienen un valor significativo. El dinero fiduciario y Bitcoin son fundamentalmente registros digitales que pueden tomar forma física (como papel moneda o billetes). Por lo tanto, no es la durabilidad de sus manifestaciones físicas lo que debemos considerar (un billete de dólar deteriorado puede cambiarse por uno nuevo), sino la durabilidad de la institución que lo emite. En el caso de las monedas fiduciarias, muchos gobiernos fueron y vinieron con el paso del tiempo, y sus monedas desaparecieron con ellos. Los billetes de la República de Weimar perdieron todo su valor debido a que la institución que los emitió ya no existe. Si nos fijamos en la historia, sería ingenuo de nuestra parte pensar que las monedas fiduciarias son duraderas a largo plazo, siendo el dólar americano y la libra inglesa un par de anomalías en lo que a durabilidad se refiere. Bitcoin no es emitido por ninguna institución, por lo que consideraremos que su durabilidad está condicionada a la existencia de la red que lo protege. Como Bitcoin aún está en su infancia, es muy pronto para llegar a conclusiones respecto a su durabilidad. Sin embargo, existen señales alentadoras ya que, a pesar de los intentos de varios gobiernos de imponer regulaciones y continuos ataques de hackers durante años, la red continúa funcionando, demostrando un nivel notable de antifragilidad.[9]

9   http://bullishcaseforbitcoin.com/references/anti-fragility

PORTABILIDAD

Los Bitcoins son el depósito de valor más portátil que ha existido nunca. Llaves privadas que representan cientos de millones dólares pueden almacenarse en un pequeño dispositivo USB y transportarse fácilmente a cualquier lugar. Más aún, cantidades igual de valiosas pueden transferirse casi instantáneamente entre personas en polos opuestos del planeta. Las monedas fiduciarias, siendo fundamentalmente digitales son también altamente portátiles. Sin embargo, las regulaciones gubernamentales y controles de capital hacen que las transferencias de grandes cantidades tarden días o incluso sean imposibles. Puede utilizarse efectivo para evitar los controles de capitales, pero el riesgo de almacenarlo y el coste de transportarlo aumentan significativamente. El oro, al ser un bien físico muy denso es, por mucho, el menos portátil. Transferir oro a largas distancias es caro, arriesgado y lento. Es por esto que los lingotes de oro raramente se transportan, y cuando se utilizan en transacciones, lo que se transfiere es el título de propiedad y no el oro en sí, proporcionando una garantía de propiedad más débil al comprador.

FUNGIBILIDAD

El oro es el modelo ideal en cuanto fungibilidad. Cuando se funde, una onza de oro es indistinguible de cualquier otra onza, y como tal se ha comerciado siempre en los mercados. Por otro lado, las monedas fiduciarias son intercambiables en la medida en que la institución emisora lo permite. Es normal que en los mercados un billete fiduciario sea tratado como cualquier otro por los comerciantes, pero hay casos en que los billetes de altas denominaciones son tratados de forma distinta que los billetes de menor valor. Por ejemplo, el gobierno de la India, en un intento por acabar con los mercados no oficiales donde no se paga impuestos, decidió desmonetizar sus billetes de 500 y 1000 rupias. La desmonetización hizo que los billetes de 500 y 1000 rupias se cotizarán a un valor menor que el impreso, disminuyendo su intercambiabilidad por otros billetes de menor denominación. Los bitcoins son perfectamente fungibles a nivel de protocolo: cada bitcoin es tratado de la misma forma que otro al ser transmitido por la red Bitcoin. Sin embargo, como los bitcoins son rastreables en la cadena de bloques (*blockchain*), un bitcoin en particular podría "ensuciarse" al ser utilizado en transacciones ilícitas y otros comerciantes y casas de cambio podrían rehusarse a recibir bitcoins "sucios". Sin mejoras a la privacidad y anonimidad del protocolo de la red Bitcoin, los bitcoins no pueden considerarse tan fungibles como el oro.

VERIFICABILIDAD

En la mayoría de los casos resulta sencillo verificar la autenticidad tanto del oro como de las monedas fiduciarias. Aún así, a pesar de la aplicación de medidas para impedir la falsificación de billetes, los estados y sus ciudadanos corren el riesgo de ser engañados por billetes falsos. El oro tampoco es inmune a ser falsificado. Criminales sofisticados han utilizado tungsteno bañado en oro para engañar a inversionistas haciéndoles creer que compraban oro real.[10] A diferencia del oro y las monedas fiduciarias, la autenticidad de los bitcoins puede verificarse con certeza matemática. Quien posee bitcoins puede demostrar la cantidad de bitcoins en su poder utilizando firmas criptográficas.

DIVISIBILIDAD

Los bitcoins pueden dividirse hasta una cienmillonésima parte de un bitcoin y transferirse en esas mínimas cantidades (aunque las comisiones de la red pueden encarecer la transferencia de cantidades muy pequeñas haciéndolas inviables, económicamente hablando). El dinero fiduciario típicamente se puede dividir hasta monedas pequeñas (cambio), que tienen muy poco poder adquisitivo, por lo que se puede decir que su divisibilidad en la práctica es suficiente. El oro en cambio, aunque puede dividirse físicamente, es difícil de utilizar en cantidades tan pequeñas como para ser útil en el día a día.

ESCASEZ

El atributo que más claramente distingue al Bitcoin de las monedas fiduciarias y el oro es su escasez predeterminada. Por diseño sólo pueden ser creados 21 millones de bitcoins. Esto permite a quien posea bitcoins saber con certeza cuál es su porcentaje de la cantidad total. Por ejemplo, el dueño de 10 bitcoins sabe que no más de 2.1 millones de personas

10   http://bullishcaseforbitcoin.com/references/fake-gold

en el planeta (menos del 0.03% de la población mundial) pueden tener tantos bitcoins como él.

Aunque el oro sigue siendo históricamente escaso, no es inmune a incrementos en su cantidad total. Si se descubriera un nuevo método para minar o producir oro que fuera económicamente viable, la oferta de oro aumentaría dramáticamente (por ejemplo, minas en el lecho marino[11] o en asteroides[12]).

Finalmente, aunque el dinero fiduciario es una invención relativamente nueva en la historia, ha sido susceptible a sufrir constantes incrementos en la cantidad en circulación. Los gobiernos de todo tipo han demostrado no poder resistir la tentación de aplicar medidas inflacionarias a sus monedas para solucionar problemas políticos de corto plazo, así que los poseedores de dichas monedas corren el gran riesgo de ver el valor de sus ahorros disminuidos con el paso del tiempo.

TRAYECTORIA ESTABLECIDA

Ningún bien monetario tiene una historia tan larga y conocida como la del oro, que ha sido atesorado desde que la civilización humana existe. Hoy en día, las monedas acuñadas en la antigüedad mantienen un valor significativo.[12] No podríamos decir lo mismo del dinero fiduciario, que es una reciente anomalía histórica. Desde su invención, las monedas fiduciarias han tendido a perder todo su valor con el paso del tiempo. El uso de la inflación como una forma perniciosa e invisible de cobrar impuestos a los ciudadanos

11   http://bullishcaseforbitcoin.com/references/deep-sea-mining

12   http://bullishcaseforbitcoin.com/references/hoxne-hoard

es tan políticamente rentable que pocas naciones en la historia han podido resistir. Si el siglo 20, en el cual el dinero fiduciario consolidó su dominio sobre el orden monetario global, ha establecido alguna verdad económica es que no podemos confiar que las monedas fiduciarias mantendrán su valor a largo plazo, o inclusive a medio. A pesar de su corta existencia, Bitcoin ha superado tantas pruebas en los mercados que existe una alta posibilidad de que su valor como activo no desaparezca a corto plazo. Es más, el efecto Lindy sugiere que cuanto más tiempo sobrevive, mayor será la confianza de la sociedad en que seguirá existiendo en el futuro.[13] En otras palabras, la confianza de la sociedad en los bienes monetarios tiene una naturaleza asintótica, como ilustra el siguiente gráfico:

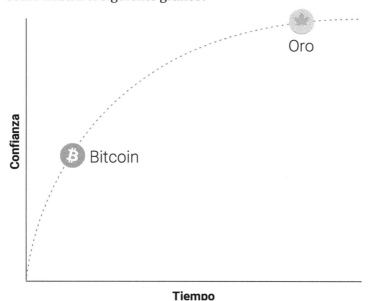

13   http://bullishcaseforbitcoin.com/references/lindy-effect

Si Bitcoin existe durante 20 años, habrá una confianza casi universal en que existirá para siempre, al igual que la gente cree que Internet es una característica permanente del mundo moderno.

RESISTENCIA A LA CENSURA

En sus inicios, uno de los principales usos de bitcoin fue la compraventa ilícita de drogas. Por ello, mucha gente asumió erróneamente que la demanda primaria de bitcoins se debía a su aparente anonimidad. En realidad, el bitcoin dista mucho de ser una moneda anónima; cada transacción transmitida por la red Bitcoin queda grabada para siempre en una cadena de bloques pública. El registro histórico de transacciones permite un análisis forense para identificar el origen de un flujo de fondos. Fue este tipo de análisis lo que permitió la detención de uno de los responsables del famoso robo a MtGox.[14] Si bien es cierto que una persona suficientemente diligente y cuidadosa puede ocultar su identidad al usar bitcoin, esta no es la razón por la que esta moneda fue tan popular en el tráfico de drogas. El atributo clave de Bitcoin, que lo hace interesante para su uso en actividades prohibidas, es que no requiere ningún permiso a nivel de red. Cuando los bitcoins son transmitidos en la red Bitcoin no existe ninguna intervención humana decidiendo si debe o no permitirse una determinada transacción. Al ser una red entre pares (p2p) y distribuida, Bitcoin está diseñado para ser resistente a la censura

14   http://bullishcaseforbitcoin.com/references/mtgox-forensics

por naturaleza. Esto contrasta radicalmente con el sistema bancario actual donde los estados regulan a los bancos y otros guardianes del flujo de dinero, obligándolos a reportar y prevenir usos prohibidos de los bienes monetarios. Un ejemplo clásico de la transferencia de dinero regulada son los controles de capital. Por ejemplo, un millonario puede encontrar muchas dificultades para transferir sus riquezas a un nuevo domicilio si desea escapar de un régimen opresor. A pesar de que el oro no es emitido por ningún estado, su naturaleza física dificulta la transferencia a distancia, haciéndolo más susceptible a regulaciones estatales que el bitcoin. La Ley de Control de Oro en India es un ejemplo de dichas regulaciones.[15]

Bitcoin puntúa notablemente bien en la mayoría de los criterios de referencia que hemos usado. Esto le permite competir con ventaja frente a otros bienes monetarios modernos y antiguos, ofreciendo un fuerte incentivo para su creciente adopción. Particularmente la potente combinación de resistencia a la censura y escasez absoluta son una poderosa razón por la que muchos inversionistas colocan una parte de su riqueza en este nuevo activo.

---

15   http://bullishcaseforbitcoin.com/references/india-gold-act

CAPÍTULO 3

LA EVOLUCIÓN DEL DINERO

Hay una obsesión en la economía monetaria moderna con el papel del dinero como medio de pago. Durante el siglo XX, los estados monopolizaron la emisión de dinero y socavaron continuamente su uso como depósito de valor, creando falsa percepción de que el dinero es principalmente un medio de pago (o "moneda de cambio"). Mucha gente ha criticado Bitcoin porque su precio es demasiado volátil para funcionar como tal, pero eso es poner el carro por delante del caballo. El dinero siempre ha evolucionado por etapas, y la función de depósito de valor precede a la de medio de pago. Uno de los padres de la economía marginalista, William Stanley Jevons explicaba que:

> Históricamente... parece que el oro ha servido, en primer lugar, como materia prima valiosa por su utilidad ornamental; segundo para almacenar riqueza; tercero como medio de pago; por último, como forma de medir el valor.[16]

Usando vocabulario moderno, el dinero siempre evoluciona siguiendo estas cuatro etapas:

16   http://bullishcaseforbitcoin.com/references/jevons-quote

1. **Coleccionable:** Durante la primera fase de su evolución, el dinero es deseado solo por sus propiedades particulares, siendo a menudo un mero capricho de su poseedor. Conchas, cuentas y oro fueron bienes coleccionables antes de pasar a cumplir los roles más conocidos del dinero.

2. **Depósito de valor:** Cuando una cantidad suficiente de gente desea coleccionarlo, el dinero empieza a tener utilidad como medio para almacenar valor de forma duradera. A medida que el bien es ampliamente reconocido como un buen depósito de valor, y más gente lo desea, aumenta su poder adquisitivo. El poder adquisitivo se estabiliza con el tiempo, cuando prácticamente todo el mundo ya lo usa para almacenar su riqueza y el flujo de nuevos entrantes que lo desean, disminuye.

3. **Medio de pago:** Cuando el dinero se ha establecido por completo como un depósito de valor, su poder adquisitivo se estabiliza. En ese momento, el coste de oportunidad de usar el bien para realizar negocios disminuye a un nivel tal que permite ser utilizado como un medio de pago. En los primeros días de Bitcoin, mucha gente no entendía el tremendo coste de oportunidad de utilizar bitcoins para comprar cosas en lugar de usarlo como depósito de valor. La famosa historia de la persona que cambió 10,000

bitcoins (aproximadamente 480 millones de dólares mientras escribo esto) por 2 pizzas, ilustra esta confusión.[17]

4. **Unidad contable:** Cuando el dinero es ampliamente usado como medio de pago, los productos y servicios tienen un precio asignado en dicho dinero. Es decir, existe una tasa de cambio establecida para cualquier bien. Es un error común creer que hoy en día existen precios en bitcoin para la mayor parte de los bienes. Es posible comprar un café con bitcoin, pero su precio no está en bitcoin; en realidad es la cantidad de dólares que desea cobrar el vendedor convertido a bitcoin utilizando la tasa de cambio actual en el mercado USD/BTC. Si el precio del bitcoin cayese frente al dólar, el vendedor pediría, proporcionalmente, más bitcoin. Solo cuando los vendedores acepten bitcoins como pago sin tener en cuenta la tasa de cambio con las monedas fiduciarias podremos pensar de verdad que el bitcoin es una unidad contable.

Los bienes monetarios que aún no son una unidad contable pueden considerarse "parcialmente monetizados". Hoy en día el oro cumple ese rol: es un depósito de valor, pero ha sido despojado de sus roles como medio de pago y unidad contable por intervención gubernamental.

---

17   See http://bullishcaseforbitcoin.com/references/pizza-story

También puede darse en el caso en el que un bien cumple el rol de medio de pago mientras uno distinto cumple los otros roles. Esto sucede en países con gobiernos disfuncionales como en los casos de Argentina, Venezuela o Zimbabwe. Nathaniel Popper, en su libro *Oro Digital*, dice lo siguiente:

> En los Estados Unidos, el dólar cumple perfectamente las tres funciones del dinero: sirve como medio de pago, como unidad para medir el costo de otros bienes, y como activo donde almacenar valor. Como ejemplo opuesto, durante la hiperinflación en Argentina, a pesar de que el peso era utilizado como medio de pago (para transacciones diarias), nadie lo utilizaba para almacenar valor. Ahorrar en pesos era como tirar el dinero. La gente cambiaba todos sus ahorros a dólares que mantenían su valor mejor que el peso. El peso era tan volátil que la gente memorizaba los precios en dólares, que era mucho más confiable como unidad de medida estable.

En este momento Bitcoin está en proceso de transición entre la primera (coleccionable) y segunda etapa (almacen de valor) de monetización. Probablemente pasen varios años para que Bitcoin complete su evolución desde una forma incipiente de almacenar valor hasta llegar a ser un verdadero medio de pago. El viaje hasta llegar allí está plagado de riesgos e incertidumbre; es sorprendente pensar que el oro tardó siglos en completar la misma transformación. Ninguna persona viva ha visto la monetización de un bien en tiempo real tal como está ocurriendo con Bitcoin, así que resulta difícil predecir qué camino tomará dicha monetización.

DEPENDENCIA DEL CAMINO

Un bien monetario en proceso de monetización verá su poder adquisitivo incrementarse enormemente. Muchos han comentado que el rápido incremento del poder adquisitivo de los bitcoins parece una "burbuja". Si bien el término es usado de forma despectiva para defender que el Bitcoin es un bien sobrevalorado, resulta ser una descripción apropiada. Una característica común de todos los bienes monetarios es que su poder adquisitivo es más alto de lo que puede justificarse simplemente por su utilidad. Existen en la historia muchas monedas que no tuvieron utilidad alguna. Podemos pensar que la diferencia entre el poder adquisitivo de un bien monetario y el valor que tendría exclusivamente por su utilidad como materia prima es la "prima monetaria", es decir, el valor que tiene el dinero por el hecho de ser aceptado como tal. A medida que un bien monetario evoluciona entre las etapas de la monetización comentadas en la sección anterior, la prima monetaria crece. Sin embargo, la prima no se mueve de una forma prediciblemente lineal. Un bien "X" que se encuentra en proceso de monetización puede ser superado por otro

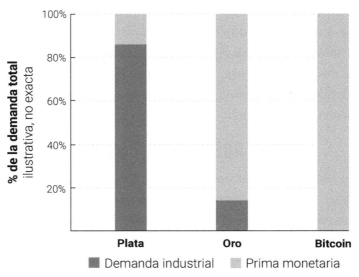

Prima monetaria de distintos bienes

% de la demanda total
ilustrativa, no exacta

100%
80%
60%
40%
20%

Plata   Oro   Bitcoin

■ Demanda industrial   ▨ Prima monetaria

bien "Y" más apto como dinero y la prima monetaria de "X" puede caer o incluso desaparecer. La prima monetaria de la plata desapareció casi por completo a finales del siglo XIX cuando los gobiernos de todo el mundo abandonaron su uso en favor del oro.

Aún en ausencia de factores exógenos como intervenciones gubernamentales o competencia de otros bienes monetarios, la prima monetaria de una nueva moneda no cambiará de forma predecible. El economista Larry White observó que "el problema con la narrativa de las burbujas, por supuesto, es que es consistente con cualquier camino que el precio siga, y en consecuencia no aporta explicación alguna para un camino en particular".[18]

18   http://bullishcaseforbitcoin.com/references/path-dependence

La teoría de juegos propone un modelo para entender el proceso de monetización: cada participante de un mercado intentará anticipar la demanda agregada del resto de participantes para de esta forma estimar la prima monetaria. Como la prima monetaria no depende de su utilidad intrínseca, los participantes del mercado tienden a basarse en los precios del pasado para determinar si un bien es barato o caro, o si es el momento de comprar o de vender. La conexión entre la demanda actual y los precios anteriores se conoce como dependencia de camino (o dependencia histórica) y es, tal vez, la mayor fuente de confusión al tratar de comprender las fluctuaciones del precio de un bien monetario.

Cuando el poder adquisitivo de un bien monetario se incrementa al crecer su adopción, cambia de forma acorde la percepción subjetiva del mercado sobre lo caro o barato que resulta. Igualmente, cuando el precio de un bien monetario se desploma, las expectativas pueden cambiar con la percepción general de que los precios anteriores eran irracionales o estaban inflados. La dependencia de camino del dinero se ilustra con las palabras del reconocido gestor de fondos de Wall Street, Josh Brown:

> Compré [bitcoins] como a $2300 e inmediatamente se duplicó en mis manos. Después empecé a decir "no puedo comprar más" a medida que subía, aún cuando esa es una opinión sesgada por el precio al que compré. Luego, cuando caía la semana

pasada debido a la intervención de los chinos en las casas de cambio, empecé a decirme a mí mismo, "Oh dios, espero que lo aniquilen para poder comprar más."[19]

La verdad es que las nociones de lo que es "caro" o "barato" carecen de significado cuando se refieren a bienes monetarios. El precio de un bien monetario no es un reflejo de su flujo de caja o de su utilidad, sino una medida de la adopción para cada uno de los roles del dinero.

Para complicar aún más la naturaleza de dependencia histórica del dinero tenemos el hecho de que los participantes en el mercado no actúan simplemente como observadores tratando de comprar o vender anticipándose a los próximos movimientos de la prima monetaria, sino que participan también activamente como evangelizadores. Debido a que no existe una prima monetaria objetivamente adecuada, hacer proselitismo destacando las características superiores de un bien monetario resulta más efectivo que si se tratara de otro tipo de bien, cuyo valor al final del día depende de su flujo de caja o de su demanda y utilidad. El fervor religioso de los participantes en el mercado de Bitcoin se puede observar en cualquiera de los muchos foros en línea donde quienes tienen Bitcoin promueven activamente los beneficios del mismo, y las grandes ganancias que pueden obtenerse al invertir en él. Leigh Drogen comenta lo siguiente sobre el mercado de Bitcoin:

19   http://bullishcaseforbitcoin.com/references/josh-brown-quote

Puede verse como una religión, una historia que nos contamos los unos a los otros y con la que estamos de acuerdo. La religión es la curva de adopción en la que debemos pensar. Es casi perfecta, tan pronto alguien nuevo entra se lo dicen a todo el mundo y empiezan a evangelizar. Luego sus amigos entran y también empiezan a evangelizar.[20]

Si bien la comparación con una religión puede sugerir un sesgo de fe irracional, para un individuo que tiene Bitcoins es completamente racional predicar para que la sociedad entera adopte como estándar este dinero mejorado. El dinero actúa como la base del comercio y ahorro, así que la adopción de una forma superior de dinero tiene grandes beneficios multiplicativos en la creación de riqueza para todos los miembros de una sociedad.

20   http://bullishcaseforbitcoin.com/references/leigh-drogen-quote

CAPÍTULO 4

FORMA DE LA MONETIZACIÓN

CICLOS DE EUFORIA

Sɪ ʙɪᴇɴ ɴᴏ ʜᴀʏ ʀᴇɢʟᴀs ᴘʀᴇᴇsᴛᴀʙʟᴇᴄɪᴅᴀs ʀᴇsᴘᴇᴄᴛᴏ ᴀʟ camino que un bien monetario puede tomar mientras es monetizado, durante la relativamente corta historia de monetización de Bitcoin se ha presentado un curioso patrón. El precio de Bitcoin parece seguir un patrón fractal de magnitud creciente, donde cada iteración del fractal se asemeja a la forma clásica del ciclo de euforia (o sobre expectación) de Gartner pero cada uno mayor que el anterior.

En su artículo *Speculative Bitcoin Adoption/Price Theory*, Michael Casey plantea que los crecientes ciclos de euforia de Gartner representan fases de la clásica curva S de adopción que han seguido muchas tecnologías revolucionarias a medida que su uso se implanta en la sociedad[21].

Cada ciclo de euforia comienza con un brote de entusiasmo por la nueva tecnología; el precio crece empujado por las compras de los inversionistas involucrados en esa iteración. Los primeros compradores en el ciclo de euforia normalmente están totalmente convencidos del potencial

---

21   http://bullishcaseforbitcoin.com/references/speculative-adoption-theory

disruptivo de la tecnología. Con el tiempo los entusiastas alcanzables en esta iteración comienzan a ser superados por los especuladores más interesados en beneficio rápido que en el poder transformador de la tecnología; el mercado se calienta y el precio se dispara.

Tras rebasar el máximo, los precios caen rápidamente y el fervor especulativo es reemplazado por la desolación, escarnio público y la sensación de que la tecnología no era para tanto. Con el tiempo, el precio toca fondo y forma una meseta en la que la nueva cohorte de inversionistas capaces de soportar el dolor del desplome de precios se une a los pioneros convencidos del valor a largo plazo de la tecnología.

La meseta dura mucho tiempo y forma lo que Casey llama "un mínimo estable y aburrido" Durante esta fase el interés del público disminuye, pero sigue desarrollándose a medida que el número de creyentes crece lentamente. Los cimientos de una nueva iteración del ciclo de euforia se van formando a medida que los observadores del mercado ven que la tecnología no desaparece y que la inversión puede no ser tan arriesgada como parecía durante la fase bajista del ciclo. La siguiente iteración del ciclo atrae un conjunto más amplio de creyentes y su magnitud es mucho mayor.

Durante la fase de crecimiento explosivo de un ciclo de Gartner muy poca gente puede predecir con éxito el precio máximo que se alcanzará antes de la siguiente caída. El precio suele alcanzar niveles que parecen absurdos para

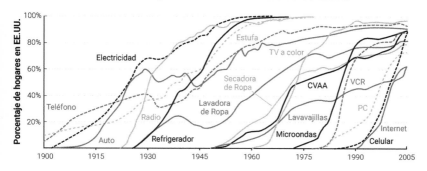

Curva de adopción de varios bienes de consumo

Porcentaje de hogares en EE.UU.

100% | 80% | 60% | 40% | 20%

Electricidad, Estufa, TV a color, Teléfono, Secadora de Ropa, CVAA, VCR, Radio, Lavadora de Ropa, PC, Auto, Refrigerador, Lavavajillas, Microondas, Internet, Celular

1900 | 1915 | 1930 | 1945 | 1960 | 1975 | 1990 | 2005

muchos de los inversionistas que compraron al inicio del ciclo. Cuando el ciclo cambia de fase, los medios buscan una causa, una narrativa creíble. El "culpable", por ejemplo, fallas de seguridad en el mercado cambiario, puede haber actuado como catalizador, pero no es la razón fundamental. Los ciclos de euforia colapsan porque se acaban los agentes de mercado susceptibles de participar en ese ciclo.

Es revelador que el oro siguió el típico patrón de euforia del ciclo de Gartner desde finales de la década de los 70 hasta inicios de los 2000. Se podría especular que el ciclo de euforia es una dinámica social inherente al proceso de monetización.

COHORTES DE GARTNER

Antes del lanzamiento del mercado cambiario MtGox en julio de 2010, no se percibían ciclos de euforia en el minúsculo mercado de Bitcoin. El mercado estaba dominado por un grupo de criptógrafos, informáticos y *cypherpunks* que comprendían la importancia del innovador invento de Satoshi Nakamoto y fueron pioneros en establecer que el

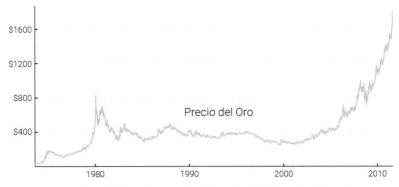

Precio del Oro

protocolo de Bitcoin estaba libre de fallas técnicas. Los precios se establecieron mediante intercambio directo o por trueque, como la compra de dos pizzas por 10,000 bitcoins por Laszlo Hanyecz. El precio de Bitcoin en esos primeros días se mantuvo muy por debajo de $1.

Luego del inicio de su comercialización en 2010, el mercado de bitcoin ha superado cuatro grandes ciclos de Gartner. En retrospectiva, podemos identificar con precisión el rango de precios de dichos ciclos. También podemos identificar cualitativamente las cohortes de inversionistas asociadas con cada iteración.

$0.06–$30 (julio de 2010–julio de 2011): El primer ciclo atrajo tanto a usuarios tempranos de nuevas tecnologías como a una corriente constante de inversionistas motivados ideológicamente y entusiasmados por el potencial de una moneda libre del control estatal. Libertarios como Roger Ver o Ross Ulbrich se sentían atraídos por las actividades antisistema que serían posibles con una adopción amplia de la tecnología naciente. El ciclo alcanzó su punto culminante un mes después de que *Gawker* publicó un artículo ampliamente leído sobre Bitcoin y su uso en un sitio web conocido como *Silk Road* que había sido creado por Ulbricht. *Silk Road* facilitó la compra de sustancias ilícitas utilizando bitcoins y fue una de las primeras fuentes de demanda de la moneda digital.

$30–$1,154 (agosto de 2011–diciembre de 2013): El segundo ciclo vio la entrada de los inversionistas más intrépidos, como el argentino Wences Casares, quienes estaban dispuestos a arriesgarse con la iconoclasta y poco probada tecnología. Casares vio en Bitcoin una cura potencial para los estragos económicos de la hiperinflación que experimentó cuando era niño. Se sabe que Casares, un emprendedor en serie brillante y bien conectado, evangelizó sobre Bitcoin a algunos de los tecnólogos e inversionistas más importantes de Silicon Valley, y se le conoce como el paciente cero de la propagación del llamado "virus de la mente" de esta forma.

Los gemelos Winklevoss, que tuvieron una disputa con Mark Zuckerberg por la fundación de Facebook y recibieron una gran liquidación por parte de la empresa, también participaron en el segundo ciclo de euforia. Luego de recibir un gran pago de Facebook, los gemelos Winklevoss estaban celebrando en Ibiza cuando casualmente se encontraron con el inversionista David Azar, quien los expuso por primera vez a esta nueva oportunidad de inversión. Inmediatamente se sintieron intrigados por lo que escucharon y, finalmente, utilizaron ese nuevo capital para invertir en Bitcoin.

Los inversionistas del primer y segundo ciclo de euforia de Bitcoin estaban dispuestos a lidiar con los canales de liquidez arcanos y riesgosos a través de los que se podían adquirir bitcoins. La principal fuente de liquidez durante este período fue el mercado cambiario MtGox con sede en Japón, y dirigido por el notoriamente incompetente y fraudulento Mark Karpeles, quien luego recibió una sentencia de prisión por su culpabilidad en el colapso del mercado cambiario.

$1,154–$19,600 (enero de 2014–diciembre de 2017): El tercer ciclo de euforia atrajo la primera gran afluencia de inversionistas sin afinidad ideológica con el espíritu *cypherpunk* que dio origen a Bitcoin. En términos de la curva S de adopción, estos nuevos inversionistas pueden ser reconocidos como "pioneros".

Un análisis de la cadena de bloques y la información del mercado cambiario de este período, realizado por Willy Woo, sugiere que la cohorte de nuevos participantes estaba dominada por inversionistas minoristas y que el uso global creció de aproximadamente 1 a 2 millones de inversionistas, a más de 14 millones.[22] El ciclo terminó con un fervor especulativo impulsado por el lanzamiento de una legión de criptomonedas alternativas (alt-coins) que competían con Bitcoin por el dominio del mercado. La gran mayoría de estas criptomonedas alternativas han desaparecido en la obsolescencia.

Vale la pena destacar que el aumento en el precio de Bitcoin durante los ciclos de euforia antes mencionados

---

22   http://bullishcaseforbitcoin.com/references/willy-woo-data

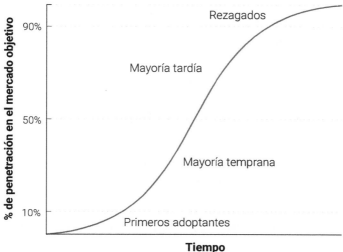

estuvo en gran medida correlacionado con un aumento de liquidez y la facilidad con la que los inversionistas podían comprar bitcoins. En los dos primeros ciclos de euforia, MtGox fue la fuente principal de liquidez de Bitcoin y adquirir bitcoins de esta mal administrada casa de cambio, era demasiado complejo para todos, excepto para los inversionistas más conocedores de tecnología. Además, muchos de los que lograron transferir dinero a MtGox finalmente tuvieron que lidiar con la pérdida de sus fondos cuando el mercado fue hackeado y posteriormente cerrado. Al comienzo del tercer ciclo de euforia, comenzaron a surgir competidores de MtGox. Sin embargo, incluso después del colapso de MtGox y su reemplazo por competidores más competentes, quedaron obstáculos importantes para los inversionistas que buscaban invertir en Bitcoin. Los bancos a menudo se mostraban reacios a lidiar con estas casas de cambio y, casas de cambio como Coinbase no podían mantener su servicio constantemente disponible bajo un uso intensivo. La nueva y emergente infraestructura financiera seguía siendo débil en el mejor de los casos.

Sólo después de terminar el tercer ciclo de euforia y una calma de dos años en el precio de mercado de Bitcoin, aparecieron profundas y maduras fuentes de liquidez; los ejemplos incluyen corredores OTC, bolsas reguladas que mejoraron su confiabilidad y mercados de futuros como la Bolsa Mercantil de Chicago. Al comenzar el cuarto ciclo de euforia en 2020, era relativamente fácil para los inversionistas minoristas e institucionales comprar y almacenar bitcoins.

$19600—? (enero de 2018–?): Mientras escribo estas líneas, el mercado del bitcoin está atravesando su cuarto ciclo de euforia. A medida que las fuentes de liquidez se han profundizado y madurado, los grandes inversionistas institucionales pueden participar y, de hecho, varios gestores patrimoniales como Paul Tudor Jones y Stanley Druckenmiller han asignado una parte de sus fondos a Bitcoin. Junto a los fondos de inversión, las empresas Tesla, MicroStrategy y Square han asignado parte, o la totalidad en el caso de MicroStrategy, de sus tesorerías a Bitcoin, sentando un precedente para que otras grandes corporaciones hagan lo mismo.

Con la maduración del mercado de Bitcoin, es probable que la demanda institucional juegue un papel importante en el actual ciclo de euforia. Como escribió Philip Gradwell, director ejecutivo de la firma de análisis de *blockchain* Chainalysis, en una nota a sus clientes:

El papel de los inversionistas institucionales se está volviendo cada vez más claro en la información … Los inversionistas norteamericanos impulsan la demanda en los mercados cambiarios, con una mayor demanda de compradores institucionales.[23]

Un estudio del Centro de Finanzas Alternativas de la Universidad de Cambridge concluyó que, para el tercer trimestre de 2020, había "un total de hasta 101 millones de usuarios únicos de activos criptográficos" en todo el mundo.[24] Parece que durante el ciclo de euforia actual, Bitcoin se prepara para pasar de la fase de "pioneros" de la curva S de adopción global a la "mayoría temprana". La disponibilidad de un mercado de futuros regulado allana el camino para la eventual creación de un ETF de Bitcoin, que luego atraerá a la "mayoría tardía" y los "rezagados" en los ciclos de euforia posteriores.

Aunque es imposible predecir la magnitud exacta del ciclo actual, es razonable pensar que en el ciclo actual Bitcoin alcanzará una fracción significativa de la capitalización del oro en el mercado, su primo más cercano en la familia global de activos financieros.

EL EFECTO DE LA REDUCCIÓN A LA MITAD

Los bitcoins se producen mediante un proceso competitivo conocido como minería que requiere un gasto de energía

23   http://bullishcaseforbitcoin.com/references/gradwell-quote
24   http://bullishcaseforbitcoin.com/references/benchmarking-study

computacional. El cronograma de producción de Bitcoin está predeterminado por su protocolo y, por diseño, aproximadamente cada 10 minutos un minero (una computadora que participa en la red Bitcoin) mina un nuevo bloque. Cada vez que un minero mina con éxito un bloque, se le otorga un número fijo de bitcoins, y esta recompensa se conoce como subsidio de bloque. El subsidio de bloque es la fuente original de todos los bitcoins producidos en la red Bitcoin.

Aproximadamente cada cuatro años o, más precisamente, cada 210.000 bloques, el subsidio de bloque de Bitcoin se reduce a la mitad en un evento conocido como *halving*. Durante los primeros cuatro años de existencia de Bitcoin, cada bloque tenía una recompensa de 50 bitcoins. Durante los siguientes cuatro años, el subsidio de bloque fue de 25 bitcoins. En la época actual, que comenzó en mayo de 2020, cada bloque recompensa a los mineros con solo 6.25 bitcoins. Para el año 2140, más o menos, el subsidio de bloque se reducirá a cero y la minería no producirá nuevos bitcoins. Una pregunta importante para los inversionistas es qué efecto tienen las reducciones a la mitad de Bitcoin en su precio y si este choque de oferta cuatrienal puede ser incorporado adecuadamente al precio por el mercado.

El protocolo de Bitcoin indica que la cantidad de energía requerida para minar un bloque se ajusta periódicamente para mantener una producción relativamente consistente de bitcoins durante cada época de reducción a la mitad. Si los recursos dedicados a la minería aumentan, la dificultad de la minería se ajusta al alza y se vuelve más costoso extraer nuevos bitcoins. Este ajuste de dificultad tiende a convertir a los mineros en productores marginales. Es decir, la ganancia de la minería tiende a cero con el tiempo. Debido a la naturaleza marginal del negocio minero, normalmente los mineros necesitan vender la mayoría de los bitcoins que extraen para cubrir sus costos operativos, principalmente costos de electricidad. Por lo tanto, los mineros ejercen una presión constante a la baja sobre el precio de Bitcoin. Cuando se produce la reducción a la mitad, la magnitud de la presión de venta a la baja de los mineros se reduce aproximadamente a la mitad.

En igualdad de condiciones, si la demanda de bitcoins se mantiene constante, la reducción a la mitad daría como resultado un exceso de demanda sobre la oferta, lo que provocaría un aumento del precio. Dada la temporalidad predeterminada de cada reducción a la mitad, los participantes del mercado deberían poder anticipar el evento e incorporarlo al precio. Sin embargo, históricamente, es claro que las reducciones a la mitad no se han tasado adecuadamente y el precio de Bitcoin aumenta drásticamente después de cada reducción a la mitad. De hecho, se puede especular que la reducción a la mitad de Bitcoin es la causa precipitante de los ciclos periódicos de euforia.

Como vimos anteriormente, cuando termina un ciclo de euforia de Bitcoin, el precio cae precipitadamente hasta que encuentra un equilibrio donde la demanda de compradores con fuerte convicción coincide con la oferta de los especuladores que buscan salir del mercado y los mineros que venden para cubrir su costo de producción. La reducción a la mitad interrumpe el equilibrio, y el suministro de bitcoins negociables en el mercado se transfiere de forma lenta, pero segura a las manos de titulares a largo plazo. A medida que disminuyen los bitcoins negociables, su precio de mercado comienza a subir, y este aumento aparentemente inexorable parece desencadenar un fenómeno clásico de *locura de multitudes* y sobreviene la fase parabólica del ciclo de euforia.

Una posible razón por la que históricamente no se han incorporado al precio las anteriores reducciones a la mitad es que cuando una reducción a la mitad desencadena un nuevo ciclo de euforia, no está claro qué tan grande será la cohorte de participantes accesibles y en qué medida están dispuesto a destinar sus ahorros a Bitcoin. Complicando aún más las cosas, están los complejos ciclos de retroalimentación involucrados en la monetización. Ya hemos señalado que cuando algunos inversionistas deciden ahorrar en Bitcoin no solo actúan como inversionistas pasivos, sino que también se convierten en evangelizadores activos de la superioridad de Bitcoin como medio de ahorro. Posiblemente no se pueda cuantificar en qué medida esta evangelización amplía la cohorte.

LA ENTRADA DE LOS ESTADOS NACIÓN

El último ciclo de Gartner sucederá cuando algunas naciones comiencen a acumular bitcoin como parte de sus reservas de divisas. La capitalización del mercado de Bitcoin es aún demasiado pequeña para que la opción de añadirla a las reservas de la mayoría de los países pueda considerarse de forma realista. Sin embargo, a medida que el interés del sector privado aumente y la capitalización de Bitcoin se acerque a la del oro, habrá suficiente liquidez para que la mayoría de los estados entren al mercado. La primera nación en añadir oficialmente bitcoin a sus reservas probablemente desatará una estampida de otros países dispuestos a hacerlo. Los primeros estados en adoptarlo serán los que verán mayores beneficios en sus balances financieros si Bitcoin termina convirtiéndose en una reserva monetaria global. Desafortunadamente es probable que sean los estados con poderes ejecutivos fuertes (dictaduras como Corea del Norte) los más rápidos en acumular bitcoins. El deseo de no favorecer el enriquecimiento de los países mencionados y la debilidad inherente de las ramas ejecutivas de las democracias occidentales provocarán una parálisis por indecisión que les hará rezagarse en la acumulación de bitcoins para sus reservas.

Resulta irónico que los EE.UU. es actualmente una de las naciones más abiertas en su posición regulatoria hacia Bitcoin, mientras China y Rusia son las más hostiles; EE.UU. es el que más riesgo sufre de que su posición geopolítica se degrade si Bitcoin termina por reemplazar al dólar como reserva mundial. En los 60s Charles de Gaulle criticaba el "privilegio exorbitante" del que disfrutaba los EE.UU. por el orden monetario internacional que se originó del acuerdo de Bretton Woods en 1944. Los gobiernos Ruso y Chino no se han dado cuenta aún de los beneficios geoestratégicos de

Bitcoin como moneda de reserva y están más preocupados por los efectos en sus mercados internos. Al igual que de Gaulle, quien amenazó con restablecer el patrón oro como respuesta al privilegio de EE.UU., los chinos y los rusos verán, con el tiempo, las ventajas de una posición larga de reservas en un almacén de valor no soberano. El estado chino tiene una ventaja importante en su potencial para añadir Bitcoin a sus reservas, y es que la mayor concentración de poder de minería de Bitcoin se encuentra en China.

EE.UU. se enorgullece de ser una nación de innovadores, siendo Silicon Valley la joya de la corona de la economía americana. Hasta el momento Silicon Valley ha dominado la conversación sobre la posición que deben tomar los entes reguladores respecto a Bitcoin. Sin embargo, la industria financiera y la Reserva Federal de los EE.UU. han comenzado a darse cuenta de la amenaza existencial que representa Bitcoin para la política monetaria estadounidense si este llegara a convertirse en una moneda de reserva global. El periódico The Wall Street Journal, conocido vocero de la Reserva Federal, publicó el siguiente comentario sobre la amenaza que representa Bitcoin a la política monetaria americana:

> Hay otro peligro, tal vez más serio, desde el punto de vista de los bancos centrales y reguladores: Bitcoin podría no colapsar. Si el fervor especulativo de la criptomoneda no es más que el precursor de su amplia aceptación como alternativa al dólar, pondrá en peligro el monopolio sobre el dinero que tienen los bancos centrales.[25]

25   http://bullishcaseforbitcoin.com/references/wsj-quote

En los años venideros habrá una batalla entre los emprendedores e innovadores, quienes intentarán mantener el Bitcoin libre de control estatal, y la industria financiera y bancos centrales, que utilizarán su influencia para promover regulaciones a Bitcoin e impedir que el poder de su industria y su capacidad para emitir dinero se vean afectados.

LA TRANSICIÓN A MEDIO DE PAGO

Un bien monetario no puede convertirse en un medio de pago mayoritariamente aceptado (la definición estándar de dinero) antes de ser ampliamente valorado, por la tautológica razón de que un bien no valorado no es aceptable como pago. En el proceso de llegar a ser ampliamente valorado, y por ende un almacén de valor, un bien monetario multiplicará su poder adquisitivo, creando un coste de oportunidad al usarlo como moneda de cambio. Solo cuando el costo de oportunidad de ceder este depósito de valor llegue a un nivel adecuadamente bajo, podrá hacer la transición hacia un medio de pago generalmente aceptado.

En concreto, un bien monetario será conveniente como medio de pago sólo cuando la suma del coste de oportunidad más el coste de la transacción comercial caiga por debajo del coste de la transacción sin usar el bien.

En una sociedad basada en el trueque, un bien monetario puede ser usado como medio de pago incluso mientras el bien sigue apreciándose, porque los costes transaccionales del trueque son altísimos. En una economía desarrollada, donde los costes transaccionales son bajos, el uso como moneda de cambio de un depósito de valor naciente y que se aprecia rápidamente como Bitcoin, es posible,

pero de forma muy limitada. Un ejemplo es el mercado ilegal de la droga, donde los compradores están dispuestos a sacrificar la oportunidad de conservar sus bitcoins a cambio de minimizar el riesgo de comprar las drogas usando moneda fiduciaria.

Existen, sin embargo, grandes barreras institucionales para que un emergente depósito de valor llegue a ser un medio de pago ampliamente aceptado en una sociedad desarrollada. Los Estados tienen una poderosa herramienta llamada impuestos para proteger su soberanía monetaria de ser desplazada por la competencia de una nueva moneda. Una moneda oficial disfruta de la ventaja de una demanda constante ya que los impuestos se pagan con ella, más aún, las ganancias de otros bienes monetarios que se aprecian incurren en impuestos al ser vendidos. Esto último provoca una significativa fricción para el uso de un depósito de valor como medio de pago.

Sin embargo, esta desventaja de los bienes monetarios privados no es una barrera infranqueable. Cuando la gente (el mercado) pierde la confianza en una moneda oficial, su valor colapsa en un proceso conocido como hiperinflación. En este proceso, el valor de la moneda se desploma primero frente a los bienes más líquidos disponibles en esa sociedad: el oro o divisas extranjeras como el dólar. Cuando no hay disponibles bienes líquidos o la oferta es escasa, la moneda colapsa frente a otro tipo de bienes, como propiedades inmobiliarias y materias primas. La imagen que mejor resume la hiperinflación es una tienda de comestibles sin productos en las estanterías porque los consumidores se deshacen lo antes posible de la moneda estatal que pierde valor en sus manos.

Al final se pierde completamente la confianza en la moneda, nadie la acepta y la sociedad decaerá al trueque si no se ha terminado de implantar un medio de pago distinto. La sustitución del dólar de Zimbabue por el dólar estadounidense en 2008 es un buen ejemplo de este proceso. La sustitución de una moneda oficial por una extranjera se hace más complicada dada la escasez de dicha moneda y la ausencia de instituciones bancarias internacionales capaces de proveer liquidez.

El poder de transferir bitcoins a través de cualquier frontera y sin necesidad de un sistema bancario convierten a Bitcoin en la moneda ideal para las personas afectadas por una hiperinflación. Durante los próximos años, a medida que las monedas fiduciarias continúen en su tendencia histórica hacia la completa devaluación, Bitcoin será un destino cada vez más popular para los ahorros globales. Cuando una moneda nacional sea abandonada y reemplazada por Bitcoin, en esa sociedad Bitcoin habrá completado la transición: desde "depósito de valor" a "medio de pago ampliamente aceptado". Daniel Krawisz acuñó el término "hiperbitcoinización" para describir este proceso.[26]

---

26   http://bullishcaseforbitcoin.com/references/hyperbitcoinization

CAPÍTULO 5

UNA NUEVA BASE MONETARIA

CONCEPTOS ERRÓNEOS COMUNES

GRAN PARTE DE ESTE LIBRO SE HA CENTRADO EN LA NATURA-leza monetaria de Bitcoin. Con esta base podemos ahora analizar algunos de los errores y malentendidos más comunes sobre este revolucionario bien monetario.

¿ES BITCOIN UNA BURBUJA?

Bitcoin, tiene una prima monetaria que da alas a la crítica frecuente de que es una burbuja. Sin embargo, todos los bienes monetarios tienen una prima monetaria. De hecho, esta prima (el exceso sobre el precio de uso-demanda) es un rasgo característico del dinero. En otras palabras, podríamos decir que el dinero es siempre y en todas partes una burbuja. Paradójicamente, un bien monetario puede ser una burbuja y a la vez estar infravalorado, cuando está en las primeras etapas de su adopción como moneda.

¿ES BITCOIN DEMASIADO VOLÁTIL PARA SER UN DEPÓSITO DE VALOR?

La volatilidad del precio del Bitcoin es una consecuencia de su juventud . Durante los primeros años de su existencia Bitcoin se comportaba como las acciones de baja capitalización y alto riesgo (*penny stocks*). Cualquier gran comprador, como los gemelos Winklevoss, podía provocar un gran pico de precio. A medida que su adopción y liquidez se han incrementado con los años, la volatilidad de Bitcoin ha descendido considerablemente. Cuando Bitcoin alcance una capitalización de mercado similar a la del oro, mostrará un nivel de volatilidad similar. Si sobrepasa dicha capitalización, su volatilidad se reducirá tanto que permitirá el uso generalizado como medio de pago. Como ya hemos indicado, la monetización de Bitcoin ocurre en una serie de ciclos de euforia de Gartner. La volatilidad es baja durante la fase de meseta, mientras que aumenta durante las fases de euforia y desilusión. Cada ciclo tendrá menos volatilidad que los anteriores debido a que la liquidez del mercado se incrementa en cada iteración.

¿ES BITCOIN DEMASIADO COSTOSO PARA INVERTIR EN ÉL?

Una queja común entre los inversionistas nuevos en el mercado de Bitcoin es que un bitcoin es demasiado caro para comprarlo. Esta queja a menudo es el resultado de la creencia errónea de que los bitcoins sólo se pueden comprar en unidades enteras y no en fracciones más pequeñas. De hecho, la divisibilidad de Bitcoin permite a los inversionistas comprar pequeñas sumas de la moneda, como el valor de un dólar. En otros casos, el deseo de poseer un bitcoin completo es el resultado de una tendencia psicológica humana conocida como sesgo unitario. El sesgo unitario es el deseo de completar una tarea o cumplir algún objetivo en su totalidad, y las investigaciones han demostrado que es un factor potencial en la propensión humana a comer en exceso.[27]

El deseo de poseer una unidad completa de una criptomoneda lleva a muchos inversionistas a creer erróneamente que las criptomonedas competidoras son más asequibles porque las unidades individuales de esas monedas tienen un precio más bajo. Sin embargo, el precio unitario más barato de muchos de los competidores de Bitcoin se debe a su oferta unitaria mucho mayor, que se elige arbitrariamente y no es en sí misma indicativa del valor de la moneda. Los inversionistas no deben centrarse en el precio de una unidad individual, sino en la capitalización de mercado y la liquidez de toda la moneda; La mucho mayor capitalización y la significativamente más profunda liquidez de Bitcoin es un reflejo de su efecto de red más fuerte y su utilidad para almacenar valor.

Un miedo asociado es que, debido a su previo ascenso meteórico, la mayoría de los retornos financieros de Bitcoin están en el pasado y no en el futuro, dejando a muchos

27   http://bullishcaseforbitcoin.com/references/unit-bias

nuevos inversionistas con la sensación de que se perdieron lo mejor. Si bien es cierto que los primeros propietarios de un bien económico en proceso de monetización obtendrán las mayores ganancias financieras (suponiendo que puedan mantenerlo a largo plazo), esto no implica que los que lleguen posteriormente no disfrutarán de buenos rendimientos. La tasa de rendimiento financiero disminuirá con el tiempo a medida que los ahorros que ingresan a un nuevo bien monetario se desaceleran y finalmente desaparecen. Pero para Bitcoin, el mercado objetivo abarca todo el mercado de almacenamiento de valor, que asciende a cientos de billones de dólares en valor e incluye el mercado del oro, bonos del gobierno, bienes raíces y obras de arte. Bitcoin claramente no ha alcanzado la saturación total del mercado. Incluso en un escenario en el que Bitcoin se convierte en la moneda de reserva mundial y la entrada de ahorros a ella se estabiliza, los propietarios seguirán viendo rendimientos financieros proporcionales a la productividad de la economía global en la que se ha convertido en la unidad de cuenta.

¿LAS TRANSACCIONES SON MUY COSTOSAS?

Una crítica reciente a la red Bitcoin es que no es un medio de pago apropiado debido al incremento del coste de transferir bitcoins. Sin embargo, este encarecimiento es saludable y esperado. El coste de una transacción es necesario para pagar a los mineros por mantener la seguridad de la red al validar las transacciones. Los incentivos económicos para los mineros son los pagos por transacciones y la recompensa de cada bloque (un número decreciente de nuevos bitcoins que se crean con cada bloque minado). La recompensa es un subsidio inflacionario soportado por los actuales poseedores de bitcoins.

Estas recompensas están programadas para disminuir hasta desaparecer según un calendario preestablecido. Esta inflexible política monetaria lo convierte en un almacén de valor ideal y tiene como consecuencia que eventualmente, la seguridad de la red deberá mantenerse únicamente con los pagos por transacción. Una red con costes "bajos" es una red con poca seguridad y susceptible a ataques o censura externa. Quienes promocionan los bajos costes de otras monedas alternativas a Bitcoin (*altcoins*), sin saberlo están promocionando su debilidad.

La raíz de la crítica a Bitcoin por sus "altos" costes de transacción es la creencia de que Bitcoin debe ser primero un sistema de pagos y luego un almacén de valor. Como vimos al hablar de los orígenes del dinero, esta creencia coloca el carro por delante del caballo. Solo cuando Bitcoin se establezca sólidamente como un almacén de valor, pasará a ser un medio de pago útil. Adicionalmente, una vez que el costo de oportunidad del comercio de bitcoins alcance un nivel en el que es adecuado para su uso como medio de intercambio, la mayoría de los intercambios no se realizarán en la red Bitcoin, sino en redes de segunda capa con tarifas mucho más bajas. Una red de segunda capa permite a las partes intercambiar bitcoins fuera de la cadena de bloques, es decir, sin transmitir cada transacción a la red Bitcoin, y la liquidación final se registra en la cadena de bloques. El uso de una red de segunda capa facilita un volumen mucho mayor de transacciones rápidas y baratas de las que serían posible en la cadena de bloques.

Las redes secundarias (o segunda capa), como la red Lightning, son el equivalente moderno de los pagarés que se utilizaban para transferir títulos de propiedad de oro en el siglo 19. Los bancos utilizaban pagarés porque mover los lingotes era mucho más costoso que transferir una nota representando el título de propiedad del oro. A diferencia de los pagarés, la red Lightning permitirá la transferencia de bitcoins con un coste mínimo y sin necesidad de confiar en un banco como intermediario. El desarrollo de la red Lightning es una innovación técnica profundamente importante en la historia de Bitcoin, y su valor se hará aparente a medida que sea desarrollada y adoptada en los próximos años.

¿BITCOIN CONSUME DEMASIADA ELECTRICIDAD?

El gasto energético de la red Bitcoin, necesario para la minería, ha sido motivo de críticas entre muchos activistas anti-Bitcoin que critican el potencial impacto negativo que puede tener en el medio ambiente. Un argumento común es que la red Bitcoin consume más electricidad que un pequeño país, implicando que Bitcoin se condena a sí mismo. Según el Centro de Cambridge para Finanzas Alternativas, al momento de escribir este artículo, la red Bitcoin consume aproximadamente 105 teravatios-hora de

Los efectos ambientales de la minería de oro son duros y obvios

energía al año. Un inversionista podría cuestionar legíti-
mamente si la sociedad tolerará un gasto tan significativo
y si esto puede representar una amenaza política para la
existencia de Bitcoin.

Al analizar de manera crítica el consumo de energía de
Bitcoin, legisladores e inversionistas deben ver más allá
de los comentarios tendenciosos. Entre los matices que
debe considerar un análisis imparcial está la fuente del
consumo de energía de Bitcoin, si es dañino para el medio
ambiente, si la energía consumida desplaza a otros usos
y, lo más importante, la utilidad que dicho uso de energía
proporciona a la sociedad. En esta sección, me esforzaré
por considerar estos matices a través de un análisis compa-
rativo de Bitcoin con sus principales competidores. Como
sistema para almacenar y transmitir valor, los competidores más cercanos son el oro y los diversos sistemas monetarios fiduciarios utilizados a nivel mundial.

Un compendio, hecho por Hass McCook en 2014, de estudios sobre el impacto ambiental de la minería de oro concluyó que el gasto energético anual de la producción de oro fue de aproximadamente 475 gigajoules o 132 teravatios-hora.[28] Aunque en principio parece que el consumo de energía de Bitcoin y el oro es similar, el impacto ambiental de la minería de oro supera con creces el de su contraparte. Un estudio publicado, por Fashola et al., en la *Revista Internacional de Investigación Ambiental y Salud Pública* explica que "las actividades mineras [auríferas] pueden conducir a la generación de grandes cantidades de desechos cargados de metales pesados que se liberan de manera descontrolada, provocando una contaminación generalizada del ecosistema".[29] Por el contrario, la minería de Bitcoin solo requiere la operación de computadoras en las que se ejecuta el software de minería de Bitcoin, a menudo alojadas en grandes centros de datos similares a los utilizados por Google, Facebook y Microsoft. Además, a diferencia de la extracción de oro, que debe tener lugar cerca de la fuente de extracción, la minería de Bitcoin puede tener lugar en cualquier lugar donde haya electricidad y una conexión a Internet. Combinado con la facilidad y el bajo costo con el que se pueden transmitir bitcoins, la minería de Bitcoin gravita hacia fuentes de energía más robustas de lo requerido que producen un exceso de electricidad que de otro modo se desperdiciaría.

28   http://bullishcaseforbitcoin.com/references/mccook-article

29   http://bullishcaseforbitcoin.com/references/gold-mining-impact

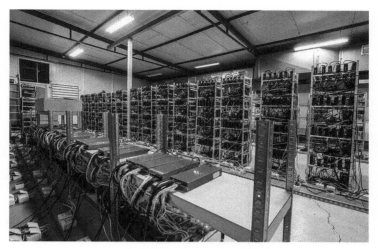
Una granja de minería de Bitcoin

Un ejemplo destacado de capacidad eléctrica sobre construida son las represas hidroeléctricas en la provincia de Sichuan en China, uno de los mayores centros de minería de Bitcoin. David Stanway, corresponsal senior de industria y medio ambiente para Thomson Reuters explica que "Sichuan representa el caso. La energía hidroeléctrica total alcanzó más de 75 GW en 2017, mayor al total de la mayoría de los países asiáticos. También fue más del doble de la capacidad de la red eléctrica de la provincia, lo que significa mucha energía desperdiciada".[30]

Ya que el exceso de energía solo se puede transportar a distancias limitadas, por su descomposición en las líneas eléctricas, la minería de Bitcoin esencialmente rescata energía desperdiciada y la transforma en un bien digital que se puede transmitir fácilmente a todo el mundo. De

30   http://bullishcaseforbitcoin.com/references/hydro-article

esta manera, la minería de Bitcoin puede considerarse como un medio para desbloquear energía varada que, de otro modo, sería muy costosa producir o se desperdiciaría debido al uso limitado en su ubicación geográfica. Además, muchas fuentes de energía excedente son de naturaleza renovable y no contribuyen de manera significativa a las emisiones globales de carbono. Algunos ejemplos incluyen el uso mencionado anteriormente de energía hidroeléctrica en China y la energía geotérmica utilizada por las instalaciones mineras de Bitcoin en Islandia. Por lo tanto, Bitcoin puede verse como una fuerza para el bien ambiental al hacer que los productores de energía renovable sean más rentables y aumentar el incentivo de inversión en la producción futura. Un estudio de 2019 de CoinShares Research concluyó que "una estimación conservadora de la penetración de las energías renovables dentro de todo el conjunto de energía que impulsa la red minera de Bitcoin [es] del 74,1%, lo que hace que la minería de Bitcoin esté más impulsada por energías renovables que casi todas las demás industrias a gran escala del mundo."[31]

Al comparar el costo ambiental de la minería de Bitcoin con los sistemas monetarios fiduciarios, uno debe reconocer que no es simplemente la infraestructura financiera lo que debe tenerse en cuenta, sino también el costo político que le da al sistema monetario suficiente credibilidad como para que la ciudadanía confíe en él. La historia está plagada de ejemplos de naciones y estados cuyo dinero y

---

31   http://bullishcaseforbitcoin.com/references/coinshares-paper-1

sistemas monetarios colapsaron al ser conquistados o divididos en facciones. Sin un ejército para hacer cumplir los límites geográficos y una fuerza policial para hacer cumplir los derechos de propiedad, ningún sistema monetario soberano podría sobrevivir. Es aquí donde Bitcoin realmente sobresale. Donde el dinero soberano requiere de la existencia de un aparato de coerción (es decir, el estado), Bitcoin proporciona la base para un nuevo sistema monetario donde los derechos de propiedad no necesitan ser mantenidos por un soberano. Se puede decir que una persona que posee bitcoins tiene un "super derecho de propiedad": la propiedad de un bien valioso que se puede retener y transmitir fácilmente sin apoyo o sanción del estado.

En última instancia, la energía consumida por la red Bitcoin será proporcional a la demanda de los ciudadanos del mundo de utilizar un sistema libre para ahorrar e intercambiar, y la utilidad que ese sistema les brinde. Como explicó Satoshi Nakamoto, "la utilidad de los intercambios posibilitados por Bitcoin superará con creces el costo de la electricidad utilizada. Por lo tanto, no tener Bitcoin sería un desperdicio".[32]

Para quienes viven bajo regímenes opresivos, la utilidad de Bitcoin es más que teórica y puede ser una cuestión de vida o muerte. En un artículo de opinión del New York Times, el economista venezolano Carlos Hernández explicó que poseer Bitcoin le permitió sortear los estragos de la hiperinflación y le permitió a su hermano escapar de Venezuela sin que sus ahorros fuesen confiscados.

32   http://bullishcaseforbitcoin.com/references/satoshi-electricity-quote

El personal militar venezolano tiene la fama de apropiarse del dinero de quienes desean abandonar el país, pero el dinero de Juan, estando en Bitcoin, era accesible solo con la clave que él había memorizado. "Dinero sin fronteras" es más que una palabra de moda para quienes vivimos bajo una dictadura con una economía en declive.[33]

¿SERÁ BITCOIN SUPERADO POR OTRA CRIPTOMONEDA?

Al ser un protocolo de software de código abierto, cualquiera puede copiar el código fuente de Bitcoin e iniciar una red similar. Con el paso de los años han surgido muchos imitadores, desde copias como Litecoin hasta complejas variantes como Ethereum, que promete ejecutar contratos inteligentes arbitrariamente complicados en un sistema informático distribuido. Una crítica común a Bitcoin es que no puede mantener su valor si se pueden crear cadenas competidoras más modernas y con más funcionalidad tan fácilmente.

La falacia de este argumento está en asumir que las criptomonedas compiten en sus atributos tecnológicos; más bien, compiten en sus atributos monetarios. El valor de la tecnología viene dado en la medida en que da credibilidad a los atributos monetarios de una criptomoneda, como podría ser la escasez. En este sentido, una tecnología estable, aburrida y bien probada, es preferible a tecnología de punta e innovadora.

---

33   http://bullishcaseforbitcoin.com/references/venezuela-story

Adicionalmente, las hordas de competidores que se han creado a lo largo de los años carecen del "efecto red" de la primera tecnología dominante en el espacio. El efecto red, es decir, el valor adicional de Bitcoin por ser la primera red dominante es una ventaja fundamental, como lo ha sido para todas las tecnologías que muestran esta característica (por ejemplo, el teléfono, el email, Internet, etc.)

El efecto red en Bitcoin abarca la liquidez de su mercado, el número de personas que lo poseen, su imagen de marca y la comunidad de desarrolladores que lo mantienen y mejoran. Los grandes inversionistas, incluyendo los estados nación prefieren los mercados más líquidos, en los que pueden entrar y salir sin afectar el precio. Los mejores desarrolladores son atraídos por la comunidad de desarrollo con estándares más altos, y al integrarse en ella aceleran el círculo virtuoso que refuerza la comunidad. El reconocimiento de la marca Bitcoin se realimenta porque la competencia siempre se menciona dentro del contexto del propio Bitcoin.

¿LAS BIFURCACIONES SON UNA AMENAZA PARA BITCOIN?

Una tendencia al alza en 2017 fue imitar no solo el software de Bitcoin, sino copiar además toda la historia de transacciones: la famosa cadena de bloques. En el proceso conocido como bifurcación (fork) la cadena de bloques se copia hasta cierto momento a partir del cual las dos redes se separan. De esta forma la competencia de Bitcoin solucionó el problema de cómo distribuir la moneda a una gran base de usuarios (y así disfrutar del efecto red).

La bifurcación más significativa ocurrió el 1 de agosto de 2017 cuando un grupo de inversionistas y empresas crearon una nueva red conocida como Bitcoin Cash (BCash). Al momento de la bifurcación, el 1 de agosto de 2017, el dueño de una cantidad N de bitcoins pasó a tener adicionalmente una cantidad igual de monedas BCash. La pequeña pero vocal comunidad de proponentes de BCash ha intentado sin descanso apropiarse de la marca Bitcoin, llamando a su red Bitcoin Cash y a través de campañas mediáticas para convencer a los neófitos en el mercado de que su moneda es el bitcoin verdadero. Estos intentos han fallado estrepitosamente como refleja la capitalización de mercado de las dos redes. De cualquier forma, para los nuevos inversionistas existe un riesgo aparente de que un competidor clone Bitcoin y su cadena de bloques, consiga sobrepasar su capitalización de mercado y llegue a convertirse en el Bitcoin de facto.

Se puede extraer una regla importante de las mayores bifurcaciones de las redes Bitcoin y Ethereum. La mayoría

Una bifurcación en el camino

de la capitalización de mercado se quedará en la red que mantenga la comunidad de desarrolladores más activa y de mejor calidad. No olvidemos que, aunque Bitcoin es un dinero incipiente, es también una red de software muy compleja que hay que mantener y mejorar. Comprar monedas de una red con el soporte de unos pocos programadores sin experiencia es como comprar un clon de Windows sin el respaldo de los desarrolladores de Microsoft. Parece claro viendo la historia de las bifurcaciones ocurridas el último año que los mejores científicos informáticos y los más expertos criptógrafos están comprometidos a desarrollar el Bitcoin original, no la creciente legión de imitadores engendrados a partir de su ADN.

¿BITCOIN ES REALMENTE ESCASO?

Aunque la oferta de bitcoins dentro de la red de Bitcoin se limita a 21 millones, algunos han sostenido que debido a que el software de Bitcoin se puede copiar fácilmente y su cadena de bloques se bifurca, la creación de nuevos tokens en distintas redes imitación implica que la escasez de Bitcoin es ilusoria. Según esta lógica defectuosa, cada copia hecha de la Mona Lisa diluye la singularidad del original. Más bien, cada copia de la obra maestra de Da Vinci solo sirve para ilustrar que no hay más que una Mona Lisa real. De manera similar, cada copia hecha de Bitcoin ilustra que solo hay una red con un efecto de red dominante, reconocimiento de marca y escala monetaria que permite que se transfieran miles de millones de dólares en valor diariamente.

RIESGOS REALES

A pesar de que las críticas más comunes a Bitcoin vistas en los medios y en economistas profesionales están fuera de lugar y se basan en una comprensión incorrecta del dinero, existen riesgos reales y significativos al invertir en Bitcoin. Antes de considerar invertir en Bitcoin, un inversionista prudente debe comprender y sopesar estos riesgos.

RIESGO DEL PROTOCOLO

En el futuro podría encontrarse algún error de diseño en las bases criptográficas a partir de las cuales se ha construido el protocolo Bitcoin, o puede que el desarrollo de la computación cuántica lo haga inseguro. Si una falla en el protocolo o un nuevo tipo de ordenador hiciera posible comprometer el cifrado criptográfico, la fe en Bitcoin puede verse seriamente afectada. El riesgo del protocolo fue máximo en los primeros años del desarrollo de Bitcoin, cuando ni siquiera los más expertos criptógrafos estaban seguros de que Satoshi Nakamoto había hallado la solución al problema del General Bizantino. Las preocupaciones sobre fallas serias en el protocolo Bitcoin se han disipado con el paso de los años a medida que han fracasado distintos intentos de comprometerlo y las fallas reales han sido detectadas y corregidas. Es más, los desarrolladores del protocolo están conscientes del riesgo que implica la computación cuántica desde hace años y han investigado soluciones potenciales en caso de que el uso de esta tecnología se haga realidad.[34] Sin embargo, dada la naturaleza tecnológica de Bitcoin siempre existirá un cierto riesgo del protocolo, aunque con probabilidad baja.

RIESGO DE UN ATAQUE ESTATAL

La amenaza de un ataque estatal ha colgado sobre Bitcoin como un manto siniestro desde el principio de su historia y continúa siendo el riesgo más grave presente que los inversionistas deben sopesar. En una publicación en el foro Bitcointalk en diciembre de 2010, Satoshi Nakamoto se mostró preocupado de que Wikileaks, un sitio web conocido por publicar secretos de estado, estuviera considerando recolectar donaciones usando Bitcoin. Nakamoto explicó que la atención que atrajo el uso potencial de Bitcoin por parte de Wikileaks no era deseada porque el sistema que había creado, aún en estado embrionario, no

---

34   http://bullishcaseforbitcoin.com/references/quantum-computing

era lo suficientemente resistente como para soportar un ataque estatal concertado. Sin embargo, la naturaleza descentralizada y sin permiso de Bitcoin atrajo el uso para fines prohibidos desde el principio, incluyendo el mercado de drogas Silk Road que se inauguró en febrero de 2011. Fue *Silk Road* lo que llamó la atención de los miembros del Congreso de los EE. UU. sobre Bitcoin, incluyendo al senador de Virginia Occidental, Joe Manchin, quien apeló públicamente a los reguladores federales para prohibir Bitcoin en 2014, escribiendo:

> Debido a la anonimidad de Bitcoin, el mercado virtual ha sido extremadamente susceptible a los hackers y estafadores que roban millones a los usuarios de Bitcoin. La anonimidad, aunada con la habilidad de Bitcoin para finalizar transacciones de manera muy rápida, hacen muy difícil, sino imposible, revertir transacciones fraudulentas.
>
> Bitcoin se ha vuelto un refugio para la compra de artículos en el mercado negro. Se puede adquirir anónimamente drogas y armas ilegales. He escrito a los reguladores sobre el ya cerrado Silk Road, que operó por años surtiendo drogas y otros artículos de mercado negro a criminales en gran parte debido a la creación de Bitcoin.[35]

35   http://bullishcaseforbitcoin.com/references/manchin-letter

UNDER EXECUTIVE ORDER OF THE PRESIDENT

issued April 5, 1933

all persons are required to deliver

ON OR BEFORE MAY 1, 1933

all GOLD COIN, GOLD BULLION, AND GOLD CERTIFICATES now owned by them to a Federal Reserve Bank, branch or agency, or to any member bank of the Federal Reserve System.

Executive Order

FORBIDDING THE HOARDING OF GOLD COIN, GOLD BULLION AND GOLD CERTIFICATES.

[body of the Executive Order text in small print]

For Further Information Consult Your Local Bank

GOLD CERTIFICATES may be identified by the words "GOLD CERTIFICATE" appearing thereon. The serial number and the Treasury seal on the face of a GOLD CERTIFICATE are printed in YELLOW. Be careful not to confuse GOLD CERTIFICATES with other issues which are redeemable in gold but which are not GOLD CERTIFICATES. Federal Reserve Notes and United States Notes are "redeemable in gold" but are not "GOLD CERTIFICATES" and are not required to be surrendered

Special attention is directed to the exceptions allowed under Section 2 of the Executive Order

CRIMINAL PENALTIES FOR VIOLATION OF EXECUTIVE ORDER
$10,000 fine or 10 years imprisonment, or both, as provided in Section 9 of the order

Secretary of the Treasury.

U.S. Government Printing Office: 1933 2-16064

Orden Ejecutiva 6102

Manchin creyó erróneamente que Bitcoin era ideal para el tráfico de bienes ilícitos porque es anónimo. En realidad, la cadena de bloques de Bitcoin es pública y abierta, permitiendo a las fuerzas del orden emplear software analítico de cadena de bloques para rastrear transacciones años después de haber sido realizadas. La acusación de que Bitcoin es anónimo y predominantemente usado para actividades ilegales ha sido silenciada por el desarrollo y uso de software analitico para cadenas de bloques en el procesamiento de varios casos criminales prominentes. Con el paso de los años se ha hecho evidente que la principal fuente de demanda de Bitcoin es como depósito de valor e inversión en vez de para usar en actividades ilícitas. Es precisamente su uso como depósito de valor lo que socava un poder clave de cualquier estado, el control del dinero de la nación. La pérdida de control sobre las políticas monetarias siempre será una motivación para que algunos estados contemplen un ataque a Bitcoin. Un ataque estatal a Bitcoin puede tomar varias formas, desde regulaciones exigentes en su uso como forzar a los usuarios a reportar la identidad del recipiente antes de enviar bitcoins, hasta hacer de la posesión de bitcoins un acto criminal o intentar su confiscación. Aunque la amenaza de confiscación pudiera parecer exagerada existen precedentes de estados atacando el derecho a la propiedad de sus ciudadanos de esta forma. En 1933 el presidente Franklin Roosevelt emitió la orden ejecutiva 6102 que ordenaba a los ciudadanos estadounidenses renunciar a su oro e hizo de su posesión algo ilegal, en un intento por mitigar la Gran Depresión. Quienes tenían oro debían tenerlo en instituciones financieras debido a la dificultad de transportarlo, asegurarlo y verificarlo, esto creó un objetivo centralizado y coercible para el gobierno de los EE.UU.

En contraste, al ser descentralizado por diseño, Bitcoin ha mostrado un nivel de resistencia destacable ante los numerosos intentos de regulación o cierre por parte de distintos gobiernos. Sin embargo, los mercados donde se compra y vende Bitcoin por monedas fiduciarias son centralizados y susceptibles a regulaciones o cierres. Sin estos mercados y la disposición del sistema bancario de hacer negocios con ellos, el proceso de monetización de Bitcoin podría verse severamente afectado si no es que detenido por completo. Aunque existen otras fuentes de liquidez para Bitcoin, como los mercados extrabursátiles (OTC) y los mercados descentralizados para la compraventa de Bitcoin, el proceso principal de actualización del precio ocurre en los mercados cambiarios con mayor liquidez, los cuales son todos centralizados.

El arbitraje jurisdiccional permite mitigar el riesgo de cierre de un mercado cambiario. Binance, un prominente mercado cambiario que tuvo sus inicios en China, se mudó a Japón y luego a Malta después de que el gobierno chino cerrara sus operaciones dentro de su territorio. Muchos gobiernos nacionales son reacios a asfixiar una industria naciente que podría ser tan estratégica como internet, cediendo esa enorme ventaja competitiva a otras naciones.

Solo un cierre coordinado a nivel global de todos los mercados cambiarios de Bitcoin detendría por completo el proceso de monetización. Bitcoin corre contra reloj para lograr un nivel de adopción tan amplio que cerrarlo por completo sea políticamente irrealizable, como lo sería el cierre total de internet. Una señal esperanzadora es la creciente adopción de Bitcoin entre las corporaciones e instituciones financieras, las cuales generalmente son más hábiles para presionar a los gobiernos que los inversionistas particulares. Además, la bolsa más grande de EE. UU., Coinbase, cotizó recientemente como una empresa pública con una valoración de 100 mil millones de dólares al momento de escribir este libro. Los legisladores serán cautelosos al promulgar políticas que podrían destruir miles de millones de dólares de capitalización de mercado y dañar potencialmente a millones de inversionistas particulares. Finalmente, el proceso de captura política, por el cual los políticos y sus electores tienen una mayor afinidad ideológica por Bitcoin simplemente porque lo poseen, aumenta constantemente y proporciona un baluarte natural contra las políticas hostiles.

La posibilidad de un cierre global sigue siendo real y debe tomarse en cuenta entre los riesgos de invertir en Bitcoin. Como se mencionó en el capítulo 4, los gobiernos nacionales han comenzado a darse cuenta de la amenaza que una moneda digital, no soberana y resistente a la censura, representa para sus políticas monetarias. Queda en el aire la pregunta sobre si los gobiernos actuarán ante esta amenaza antes de que Bitcoin esté demasiado arraigado para que la acción política sea inefectiva.

RIESGO DE CENTRALIZACIÓN DE LA MINERÍA

Los mineros de Bitcoin son computadoras en la red Bitcoin que sirven para validar y establecer el orden temporal de las transacciones enviadas a la red. Un riesgo importante que los inversionistas deben considerar es la posibilidad de que los recursos computacionales dedicados a la minería de Bitcoin, denominado poder de hashing, se centralicen. Si el control del poder de hashing de la red se concentra en muy pocas manos, se hace posible atacar la red, política o económicamente en un proceso conocido como *doble gasto*.

El doble gasto ocurre cuando una empresa, o cartel minero, con la mayoría del poder de hashing total intercambia bitcoins por algo valioso, como dólares, y luego usa sus recursos mineros para reorganizar la cadena de bloques de manera tal que la transferencia original nunca ocurrió. El doble gasto es un esfuerzo costoso y plagado de riesgos; no se garantiza que la reorganización de la cadena de bloques tenga éxito e, incluso si lo tuviera, un robo exitoso socavaría la confianza en Bitcoin, por lo que el atacante dañaría sus propios ahorros. Satoshi Nakamoto anticipó la amenaza del doble gasto desde el principio, observando en su documento técnico original que Bitcoin fue diseñado de tal manera que un atacante potencial tiene mayor incentivo para minar honestamente que para gastar dos veces:

Si un atacante codicioso reúne más potencia de CPU que todos los nodos honestos, tendría que elegir entre usarla para defraudar a las personas robándoles sus pagos o para generar nuevas monedas. Debería encontrarle más provecho a jugar según las reglas, las cuales lo favorecen con más monedas nuevas que al resto combinados, que socavar el sistema y la validez de su propia riqueza.

Cuando se publicó por primera vez en 2008, antes de existir la red Bitcoin, la afirmación de Nakamoto era sólo una afirmación teórica y basada en la suposición de que los atacantes eran económicamente racionales. Una investigación reciente de *Savolainen y Ruiz-Ogarrio* ha corroborado la afirmación de Nakamoto en la práctica:

> Concluimos que la concentración de mineros históricamente observada no indica un mayor riesgo de ataques de doble gasto … Por lo tanto, nuestro resultado contradice directamente la creencia de que la concentración es dañina. Este resultado demuestra la bien conocida percepción económica de que la viabilidad no implica deseabilidad.[36]

Si bien el diseño original de Nakamoto anticipa la posibilidad de doble gasto bajo la premisa de que los agentes son económicamente racionales, no tomó en cuenta la posibilidad de ataques a firmas mineras, políticamente concertados por algún estado nación sin fines económicos. En ocasiones, estados nación han actuado de forma económicamente irracional con fines políticos, como como hacer la guerra a sus vecinos. Un estado nación podría llevar a

---

36   http://bullishcaseforbitcoin.com/references/too-big-to-cheat-paper

cabo un ataque a la minería de Bitcoin para evitar que sus ciudadanos se valgan de un medio para ahorrar y realizar transacciones fuera de su jurisdicción. Alternativamente, un estado nación podría desear que Bitcoin desaparezca si considera que representa una amenaza sistémica para su política monetaria. Si un estado nación se apropiara de suficientes recursos informáticos utilizados para minería de Bitcoin, potencialmente podría censurar transacciones que no aprueba, o simplemente privar a la red de ese poder de hashing, reduciendo drásticamente la seguridad de la red y socavando la confianza en la moneda.

De los estados nación con motivos para atacar la red Bitcoin, la República Popular de China tiene actualmente la mayor capacidad. Debido a su dominio de la fabricación de chips y al exceso de capacidad de producción de energía en algunas de sus provincias, China se ha convertido en el centro mundial de producción de hardware minero y el hogar de las más grandes operaciones mineras. Un estudio de 2019 de CoinShares Research estimó que "hasta el 65% del poder de hashing de Bitcoin reside en China."[37] Si el estado chino nacionaliza las empresas que producen hardware de minería y las que realizan la minería en sí, podría representar una amenaza significativa para el funcionamiento de la red Bitcoin. Aunque no hay manera de eliminar el riesgo de que el estado chino apunte a Bitcoin, existe una opción nuclear que podría neutralizar un ataque en caso de que ocurra: alterar la función de prueba de

---

37   http://bullishcaseforbitcoin.com/references/coinshares-paper-2

trabajo de Bitcoin. Para comprender completamente esta opción nuclear, debemos explorar brevemente la historia de la minería de Bitcoin.

Desde la creación de la red de Bitcoin en 2009, las computadoras utilizadas para la minería se han vuelto cada vez más especializadas para maximizar la potencia de hashing generada por unidad de electricidad consumida. En los primeros días, los participantes de la red usaban sus computadoras para la minería, pero para mayo de 2010 Lazslo Hanyecz había descubierto que los chips de computadora optimizados para el procesamiento de imágenes, conocidos como GPU, eran mucho más eficientes en la minería que las CPU normales. El descubrimiento de Hanyecz desencadenó una carrera armamentista en el desarrollo de hardware de minería que finalmente condujo a la creación de circuitos integrados específicos de aplicaciones (*ASICs* por sus siglas en inglés) para la minería de Bitcoin. Los primeros mineros *ASIC* fueron creados en 2013 por el fabricante chino Canaan Creative, y desde entonces varios otros fabricantes de chips como Bitmain y Bitfury han ingresado a este espacio altamente competitivo. Los mineros *ASIC* son computadoras desarrolladas para hacer una única cosa con la máxima eficiencia: ejecutar la función de prueba de trabajo de Bitcoin, conocida como *SHA256*, lo más rápido posible. Al aplicar la función *SHA256* de manera exhaustiva, un minero puede encontrar un hash aceptable requerido para crear el siguiente bloque en la cadena de bloques, recolectando así el subsidio de bloque asociado a él.

SHA256 es el bloque de construcción fundamental de la minería de Bitcoin, y se han gastado miles de millones de dólares en la investigación y producción de hardware optimizado para ejecutarlo. Sin embargo, es posible reemplazar *SHA256* como función de prueba de trabajo de Bitcoin con una alternativa, como *SHA512*. Reemplazar la función de prueba de trabajo de Bitcoin haría obsoleto instantáneamente el hardware de minería optimizado para ejecutar SHA256, devastando a las empresas que lo producen y las instalaciones mineras que emplean ese hardware. Una medida tan extrema podría potencialmente usarse si la minería de Bitcoin fuera atacada por el estado chino, pero sería extremadamente peligrosa. Sin un consenso abrumador de los participantes de la red Bitcoin y los inversionistas que tienen bitcoins, cambiar la función de prueba de trabajo podría causar una fractura de la red y la división de la comunidad en facciones, cada una afirmando que la red que ejecuta su función de prueba de trabajo preferida es el verdadero Bitcoin. Además, sin el gasto de capital dedicado a las instalaciones y hardware de minería basados en SHA256, la seguridad de la red de Bitcoin sería dramáticamente menor hasta que se hicieran gastos equivalentes para la función alternativa de prueba de trabajo. Por lo tanto, un cambio de la función de prueba de trabajo de Bitcoin debería considerarse, con razón, una opción nuclear solo para implementar en las circunstancias más graves. Incluso si nunca se implementa, la amenaza de que la función de prueba de trabajo de Bitcoin pueda cambiarse es un control poderoso para cualquier estado nación con intenciones de apropiarse del poder de hashing de Bitcoin para sus propios fines.

RIESGO DE CUSTODIA

Para almacenar bitcoins, los compradores corporativos e institucionales a menudo dependen de custodios regulados. A medida que su valor aumenta, cientos de miles de millones de dólares en Bitcoin estarán al cuidado de estos custodios, haciéndolos un objetivo cada vez más atractivo para los hackers. Donde los custodios de oro solo necesitan enfrentarse a posibles amenazas de seguridad cercanas a la ubicación del oro almacenado, los custodios de Bitcoin deben enfrentarse a hackers que pueden hacer de los fondos custodiados un objetivo desde cualquier parte del planeta. Un atraco exitoso a un importante custodio regulado de Bitcoin puede dañar gravemente la confianza entre los inversionistas corporativos e institucionales.

Para mitigar la amenaza de un ataque informático importante, se encuentran las mejoras en las prácticas de seguridad en toda la industria y el desarrollo de herramientas para administrar fondos sin necesidad de que los mismos sean accesibles en Internet. Si bien nunca se puede descartar por completo un robo importante, pareciera que la probabilidad de un atraco catastrófico, como el que derribó el primer mercado cambiario importante de Bitcoin, MtGox, es mucho menor de lo que era en la historia temprana de Bitcoin.

RIESGO DE LA POLÍTICA DE LA RESERVA FEDERAL

A fines de la década de 1970, Estados Unidos experimentó un período de alta inflación monetaria que ayudó a desencadenar un mercado alcista del oro. La década culminó con una crisis de confianza en el dólar que solo se resolvió con drásticas acciones del presidente de la Reserva Federal, Paul Volcker, recién confirmado en ese momento. En 1980 Volcker elevó las tasas de interés a corto plazo, drásticamente y sin precedentes, a un 20 por ciento, lo que llevó a la economía estadounidense a una profunda recesión y sometió al oro a varias décadas de mercado bajista, pero también controló la desenfrenada inflación de la década de 70s.[38]

Al ser un bien monetario con billones de dólares en capitalización de mercado, el oro era vulnerable a la política de la Reserva Federal. Si la Reserva Federal eleva las tasas de interés lo suficiente, la demanda de oro, que no tiene un rendimiento natural, se transfiere a dólares que pueden ganar intereses a la tasa de interés a corto plazo de la Reserva Federal. Debido a su tamaño más pequeño, los movimientos de precios de Bitcoin han sido dictados en gran medida por el flujo de nuevos inversionistas al mercado, pero a medida que la capitalización de Bitcoin se acerca a la capitalización de mercado del oro, también enfrentará riesgos macroeconómicos derivados de la política de la Reserva Federal. Si la Junta de la Reserva Federal percibiera una amenaza a la credibilidad del dólar por la

---

38   http://bullishcaseforbitcoin.com/references/volcker-inflation-fighting

Retrato del ex presidente de la Reserva Federal, Paul Volcker

continua monetización de Bitcoin, podría intentar frustrar ese proceso aumentando las tasas de interés abruptamente, como lo hizo Volcker a principios de la década de 1980. Sin embargo, la situación fiscal de los Estados Unidos hoy en día es marcadamente diferente a la de fines de la década de 1970, obstaculizando tal esfuerzo. Desde la Segunda Guerra Mundial, Estados Unidos no tenía una posición de deuda superior al 100 por ciento de su PIB, como ahora. En comparación, la relación deuda/PIB en 1980 era inferior al 40 por ciento. Por lo tanto, si bien existe la amenaza de aumentos en las tasas de interés de la Reserva Federal, sería difícil para el banco central de los EE. UU. implementar una política de este tipo sin hacer mucho más oneroso para el Tesoro de los EE. UU. el cumplimiento de su deuda pendiente; La aplicación de una política de tipos de interés agresiva en el entorno fiscal actual podría desencadenar una crisis de deuda soberana. Por lo tanto, la Reserva Federal puede estar obligada por factores fiscales a continuar una política favorable a la monetización de Bitcoin, aunque se acerque y supere al oro en tamaño.

RIESGO DE LA REHIPOTECACIÓN

Las instituciones financieras que ofrecen productos de inversión avanzados, como operaciones en corto, compras con margen o derivados, suelen exigir a sus clientes que proporcionen garantías en forma de efectivo, acciones, bonos u otros activos antes de tener acceso a estos productos. La garantía se utiliza para mitigar el riesgo cuando un cliente realiza una inversión imprudente que resulta en una pérdida. Por ejemplo, si un cliente de una firma de corretaje vende en corto una acción y la acción aumenta de valor, la corredora puede vender todo o parte de la garantía del cliente para cubrir la pérdida.

La rehipotecación es la práctica en la que una institución financiera utiliza las garantías proporcionadas por sus clientes para sus propias inversiones, aumentando sus ganancias, pero arriesgando las garantías de sus clientes. A cambio de permitir la utilización de sus garantías para estos fines, el cliente recibe algún beneficio como compensación, como menores intereses al vender en corto. Si se utiliza de manera prudente la rehipotecación permite a las instituciones financieras ofrecer productos de inversión a menores costos o hasta gratis, e igualmente puede profundizar la liquidez del mercado. Sin embargo, cuando se hace de manera imprudente y de forma generalizada, la rehipotecación puede convertirse en un riesgo sistémico para un sistema financiero. Cuando la garantía se presta repetidamente y pasa a través de muchas instituciones financieras, una inversión fallida en una institución puede provocar una serie de liquidaciones en cascada entre muchas instituciones, haciendo que el precio del activo de garantía baje precipitadamente y desencadenando una crisis de liquidez. De hecho, como *Singh y Aitken* sostienen en su investigación de 2010 para el *FMI*, la rehipotecación jugó un papel importante en la crisis financiera de 2008: "La incorporación de estimaciones para la rehipotecación (y la reutilización asociada de garantías) en la crisis reciente indica que el colapso de la financiación no bancaria a los bancos fue considerable."[39]

El primer uso significativo de Bitcoin como garantía se produjo en 2014 con la fundación de la bolsa de criptomonedas, con sede en Hong Kong, BitMex. Los clientes de BitMex podían depositar bitcoins y hacer apuestas en varios contratos de derivados, como el contrato perpetuo de permuta. Los contratos ofrecidos por BitMex crearon una forma para que sus clientes apostaran por el precio futuro de Bitcoin con apalancamiento. Al proporcionar acceso a una bolsa que no requería depósitos en moneda fiduciaria, BitMex pudo eludir las burocracias que normalmente regulan dichos mercados, como la CFTC, permitiendo a la empresa crecer rápidamente su negocio. Para

---

39   http://bullishcaseforbitcoin.com/references/imf-rehypothecation-article

agosto de 2020, la bolsa tenía un asombroso volumen de operaciones de 75 mil millones de dólares, convirtiéndo a sus cofundadores en multimillonarios.[40] El uso pionero de Bitcoin como garantía y el éxito financiero del que disfrutó BitMex no pasaron desapercibidos. Desde entonces, muchas empresas han seguido el ejemplo de BitMex, desde la venerable Bolsa Mercantil de Chicago, que se fundó en 1898 y ahora ofrece contratos de futuros de Bitcoin, hasta BlockFi, que permite a sus clientes ganar intereses en sus bitcoins. El comentarista de mercado Raoul Pal denominó a Bitcoin como una "garantía prístina" y, de hecho, sus atributos innatos y la naturaleza de su mercado le han dado un creciente reconocimiento como forma ideal de garantía:

1. Bitcoin tiene un mercado global y profundamente líquido con miles de millones de dólares en volumen de comercio diario.

2. Los mercados de Bitcoin están continuamente abiertos, a diferencia de los mercados de valor normales, permitiendo a las instituciones financieras vender su garantía de Bitcoin en cuanto perciban un mayor riesgo para su cartera de préstamos.

3. Los bitcoins no representan la obligación de un tercero, a diferencia de los bonos, reduciendo el riesgo de contraparte.

---

40   http://bullishcaseforbitcoin.com/references/bitmex-story

4. A diferencia del oro, la conveniencia de usar bitcoins como garantía es alta debido a que son fáciles y económicos de transferir.

A medida que crece el reconocimiento de Bitcoin como una forma ideal de garantía, su uso para con este fin será cada vez mayor y una fuente importante de demanda en su monetización. Sin embargo, el creciente uso de Bitcoin como garantía trae consigo el riesgo de una rehipotecación irresponsable. En una industria incipiente, los inversionistas deben tener cuidado con la calidad de las suscripciones en las instituciones que aceptan Bitcoin como garantía para luego invertirlo. El riesgo de rehipotecación de Bitcoin es, quizás, incluso mayor que para otros activos como acciones y bonos. Durante una crisis de liquidez, si muchas instituciones financieras se ven obligadas a vender bonos que se han tomado como garantía, el colapso de los precios estará protegido por el flujo de caja de los bonos. Sin un flujo de caja que proporcione una red de seguridad para su valoración, una crisis de liquidez en Bitcoin podría provocar un colapso desordenado de su precio. Como vimos en la discusión del tercer capítulo sobre la naturaleza dependiente del camino del dinero, un colapso en el precio de Bitcoin podría causar un cambio significativo en las expectativas sobre las perspectivas de su monetización futura, atrofiando o incluso deteniendo ese proceso.

Las mayores protecciones contra el riesgo de rehipotecación son una fuerte regulación del mercado y la transparencia de la industria sobre los controles utilizados en la administración de inversiones de garantías. A menudo se considera que la regulación significa supervisión por parte de un organismo regulador, como la CFTC, pero en la práctica, estas burocracias son lentas para comprender y supervisar satisfactoriamente industrias nuevas e innovadoras, ya que se basan en regulaciones anticuadas concebidas hace décadas. Por mucho, la regulación más importante es la del mercado mismo; Debe permitirse el fracaso de las instituciones que invierten de manera irresponsable, asegurando así que las malas prácticas sean castigadas y no se conviertan en sistémicas en la industria, como sucedió durante la crisis inmobiliaria de 2008.

EL RIESGO DE LA FUNGIBILIDAD IMPERFECTA

La naturaleza abierta y transparente de la cadena de bloques de Bitcoin hace que sea posible marcar ciertos bitcoins como "dinero sucio" por haber participado en actividades ilegales. Aunque la resistencia a la censura de Bitcoin permite transferirlos, si los gobiernos prohiben el uso de esos bitcoins marcados, el mercado podría rechazarlos, anulando en la práctica su valor. Bitcoin perdería una de las propiedades más importantes de un bien monetario: su fungibilidad, es decir, que cualquier moneda sea indistinguible del resto.

Para mejorar la intercambiabilidad de Bitcoin harán falta cambios en el protocolo que mejoren la privacidad de las transacciones. Hay nuevos desarrollos en esta línea, liderados por las criptomonedas Monero y Zcash, pero será necesario sopesar las contrapartidas técnicas entre la eficiencia y complejidad de Bitcoin y su privacidad. La pregunta sigue abierta: ¿Se podrá mejorar la privacidad de Bitcoin sin comprometer su utilidad como moneda?

CONCLUSIÓN

Bitcoin es una moneda incipiente, en evolución desde el estado de coleccionable hacia el de depósito de valor. Como un bien monetario no soberano (no dependiente de ningún estado nación) es posible que en algún momento del futuro se convierta en una moneda global, muy parecida al patrón oro en el siglo XIX. Esta adopción como moneda global es precisamente la tesis alcista de Bitcoin, y ya fue formulada por Satoshi Nakamoto en 2010, en un intercambio de emails con Mike Hearn: "Si imaginas que se empieza a usar para una fracción del comercio mundial, y tan solo habrá 21 millones de monedas para todo el mundo, debería tener un valor mucho mayor por unidad."[41]

Hal Finney, el brillante criptógrafo y receptor de los primeros bitcoins que envió Nakamoto, puso en cifras esta idea poco después del anuncio de la primera implementación funcional de Bitcoin:

Imagina que Bitcoin tiene éxito y se convierte en el principal medio de pago del mundo. Entonces el valor total de la divisa debería ser igual al valor de

---

41   http://bullishcaseforbitcoin.com/references/satoshi-hearn-email

toda la riqueza del mundo. Las estimaciones actuales de la riqueza familiar mundial que he encontrado oscilan entre 100 y 300 billones de dólares, lo que otorga un valor de alrededor de 10 millones por moneda.[42]

Incluso si Bitcoin no llega a convertirse en una moneda global totalmente desarrollada y solamente compite con el oro como almacén de valor no estatal, está drásticamente infravalorado. Dividiendo el valor total del oro extraído (aproximadamente 10 billones de dólares) entre el número máximo de 21 millones de bitcoins que pueden existir, resulta un valor aproximado de 540.000 dólares por bitcoin. Como vimos en el capítulo 2, en términos de los atributos que convierten a un bien monetario en un buen almacén de valor, Bitcoin es superior al oro en todas las dimensiones excepto en cuanto a historia establecida. A medida que avanza el tiempo y el *efecto Lindy* se afianza, la historia establecida dejará de ser una ventaja competitiva Por eso es razonable esperar que Bitcoin se aproxime, y quizás sobrepase, la capitalización del mercado del oro durante la próxima década.

Una crítica a esta hipótesis es que una gran parte del valor del oro proviene de su uso por los bancos centrales como reserva de valor. Para que Bitcoin sobrepase la capitalización del oro será necesaria la participación de naciones estado. Aún no está claro si las democracias occidentales

---

42   http://bullishcaseforbitcoin.com/references/hal-finney-quote

almacenarán bitcoin; por desgracia es más probable que los dictadores de medio pelo y las cleptocracias sean las primeras naciones en entrar al mercado.

Incluso si ningún estado nación invierte en Bitcoin, el pronóstico sigue siendo alcista. Como depósito de valor no estatal y usado solo por inversionistas minoristas e institucionales, Bitcoin está al principio de la curva de adopción: la denominada mayoría temprana está entrando ahora al mercado, mientras que la mayoría tardía y los rezagados tardarán aún años en llegar. Un precio entre 100.000 y 250.000 dólares es factible con una participación más amplia de minoristas y, en mayor grado, de inversionistas institucionales.

Tener bitcoins es una de las pocas apuestas asimétricas en la que cualquier persona del mundo puede participar. Como en las opciones de compra, el lado negativo de la apuesta se limita a perder lo puesto, frente a la posible ganancia de multiplicarlo por 100 o más. Bitcoin es la primera burbuja global cuyo tamaño y alcance sólo está limitado por el deseo de los ciudadanos del mundo de proteger sus ahorros de las veleidades de la no-gestión económica de los gobiernos. De hecho, Bitcoin surgió como un fénix de las cenizas de la catástrofe financiera global de 2008, una catástrofe provocada por las políticas de bancos centrales como la Reserva Federal.

Más allá de las implicaciones financieras de Bitcoin, su ascenso como almacén de valor no estatal tendrá consecuencias geopolíticas profundas. Una divisa de reserva global y no inflacionaria forzará a las naciones estado a cambiar su mecanismo de financiación principal: si eliminamos la inflación solo quedan los impuestos, que son mucho menos aceptables políticamente. Los estados encogerán su tamaño de forma proporcional al desgaste político por esta transición a los impuestos como única vía de financiación. En otro ámbito, el comercio global se liquidará de una forma que satisfaría la ambición de Charles de Gaulle de que ninguna nación esté privilegiada frente al resto:

> Consideramos necesario que el comercio internacional se establezca sobre un patrón monetario indiscutible, tal como era antes de las grandes desgracias del mundo, y que no lleve la marca de un país en particular.[43]

Dentro de 50 años, ese patrón monetario será Bitcoin.

---

43   http://bullishcaseforbitcoin.com/references/degaulle-speech

EPÍLOGO

EL GRAN DEBATE

¿Qué es realmente Bitcoin? Esta pregunta aparentemente simple y el debate surgido para responderla agitaron a la comunidad de desarrolladores e inversionistas de Bitcoin por varios años, culminando con un cisma en la comunidad y una división de la red Bitcoin el 1 de agosto de 2017. En los años posteriores a la creación de Bitcoin por parte de Satoshi Nakamoto, surgieron dos grandes facciones ideológicas, ambas con una visión diferente de su futuro. La primera facción vio a Bitcoin principalmente como un sistema de pago similar a Visa o PayPal, pero sin un punto de control centralizado. Enfatizaron el uso transaccional de Bitcoin y creían que el dinero se define principalmente por su papel como medio de pago. La segunda facción enfatizó la importancia de que Bitcoin no sea censurable y advirtió sobre los peligros de ceder el control del protocolo de Bitcoin a cualquier grupo de interés en particular. Esta facción imaginó Bitcoin como una versión digital del oro, enfatizando su uso como un depósito de valor no soberano.

La desaparición del creador de Bitcoin poco después de su creación complicó la disputa entre las dos facciones ideológicas. El 12 de diciembre de 2010, 772 días después de aparecer por primera vez en línea para publicar el diseño de Bitcoin, Satoshi Nakamoto hizo su publicación final en un foro de Bitcoin en línea. La desaparición de Nakamoto fue de gran importancia para el incipiente proyecto de software que había fundado. Sin su creador, la comunidad de desarrolladores que trabajan en el software de Bitcoin tuvo que continuar su trabajo sin orientación o una visión de futuro común. Una de las declaraciones más claras que tenemos de las aspiraciones de Nakamoto para el proyecto proviene de su publicación fundamental, *"Bitcoin Whitepaper"*, publicado el 31 de octubre de 2008. Sin embargo, ese breve documento no responde de manera decisiva a la pregunta de si Bitcoin debe considerarse primero como un medio de pago o un depósito de valor. A pesar de escribir cientos de publicaciones en foros y correos electrónicos para la comunidad de desarrolladores que trabajan en Bitcoin, Satoshi nunca explicó sin ambigüedades su naturaleza monetaria. En algunos de sus escritos, Nakamoto enfatizó la similitud de Bitcoin con el oro y su uso como depósito de valor:

> [Bitcoin es] más típico de un metal precioso. En lugar de que la oferta cambie para mantener el mismo valor, la oferta está predeterminada y el valor cambia. A medida que crece el número de usuarios, aumenta el valor por moneda. Tiene el potencial de un ciclo de retroalimentación positiva; a medida que aumentan los usuarios, el valor aumenta, lo que podría atraer a más usuarios para aprovechar el valor creciente.[44]

44 http://bullishcaseforbitcoin.com/references/satoshi-gold-quote

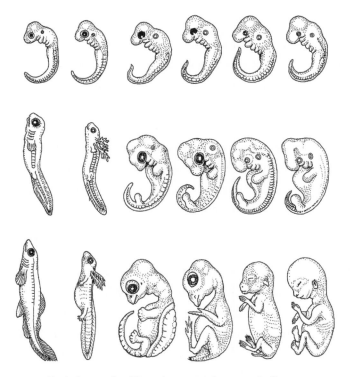

Embriones de diferentes especies son similares

En otras ocasiones, Nakamoto habló de Bitcoin para su uso en pagos, enfatizando el papel del dinero como medio de pago.

En su forma embrionaria, Bitcoin podría haber encarnado cualquiera de estas dos visiones con la misma plausibilidad. Por un lado, la red de Bitcoin comenzó con tarifas de transacción bajas, permitiendo la transferencia de bitcoins a bajo costo en todo el mundo, lo que aparentemente brindaba una ventaja comparativa a sistemas de pago alternativos como la red de tarjetas de crédito Visa. Por otro lado, el valor de intercambio de bitcoins aumentó significativamente con el tiempo, sugiriendo que se trataba de un depósito de valor incipiente. Pero, así como muchas especies parecen similares en su forma embrionaria, impresas en su ADN están las instrucciones que revelarán sus grandes diferencias en la plenitud del tiempo. El ADN de Bitcoin se encuentra en las reglas de consenso de su protocolo y, como veremos, estas reglas dejarían claro que solo una de estas visiones para Bitcoin sería realizable.

LA INMUTABILIDAD DE LOS PROTOCOLOS

Un protocolo es un conjunto de reglas que los participantes de un sistema deben respetar al utilizarlo. Ejemplos de protocolos de software incluyen TCP/IP, que gobierna cómo se codifican y transmiten los datos a través de Internet, y SMTP, que gobierna el tráfico específico del correo electrónico en Internet. Los protocolos también pueden aplicarse al mundo físico; por ejemplo, las normas IEC 60906-2 y NEMA 5-15 para tomas de corriente describen la forma de los enchufes eléctricos, y adicionalmente, el voltaje y el amperaje de la energía conducida a través de las tomas.

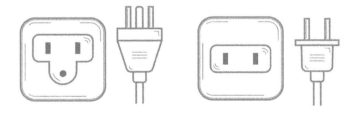

La toma de corriente aterrizada es un cambio compatible con versiones anteriores del diseño original de la toma de corriente.

Los protocolos definidos para uso en sistemas de software o hardware con muchos participantes suelen ser muy difíciles de modificar una vez en uso, por una buena razón. Los participantes generalmente asumen la inmutabilidad de un protocolo cuando construyen negocios o dispositivos que dependen de él. Por lo tanto, cambiar el protocolo de un sistema ampliamente utilizado tendría un gran costo para el ecosistema de participantes que dependen de él.

Imagine, por ejemplo, el enorme costo para los hogares norteamericanos si se modificara la forma de las tomas de corriente. Todas las tomas del país deberían actualizarse, y cada dispositivo que se basaba en la forma de la toma anterior tendría que descartarse o proporcionar un adaptador para usar la nueva forma. Una excepción al costo de las actualizaciones de protocolo son los cambios compatibles con versiones anteriores que no afectan a los sistemas que usan versiones anteriores de un protocolo. Por ejemplo, la ranura de tierra se inventó en 1924 y proporcionó una actualización compatible con versiones anteriores de las tomas de corriente que redujeron el riesgo de descargas eléctricas. Los dispositivos más antiguos con enchufes eléctricos de dos clavijas aún podían usar las tomas con nuevo diseño.

Cuando Satoshi Nakamoto publicó el código fuente de Bitcoin el 9 de enero de 2009, esencialmente había producido un protocolo para la transferencia de valor a través de Internet. Nakamoto se dio cuenta de que una vez que su diseño hubiera cobrado vida en una red activa y en funcionamiento, sería muy difícil, si no imposible, realizar cambios no compatibles con versiones anteriores en el protocolo de Bitcoin. Al comentar sobre esto el 17 de junio de 2010, Nakamoto observó que "Una vez lanzada la versión 0.1, el diseño del núcleo quedaría grabado en piedra por el resto de su vida."[45]

EL CISMA

El protocolo de Bitcoin está definido por reglas que especifican cuáles mensajes enviados en la red de Bitcoin son válidos y el cumplimiento de estas reglas es verificado por computadoras en la red que ejecutan el software de Bitcoin. Las computadoras que no cumplen con las llamadas reglas de consenso son rechazadas de la red. La más famosa entre las reglas de consenso es la que determina cuántos bitcoins nuevos se pueden acuñar por bloque. La regla de subsidio de bloque define el programa de inflación general de Bitcoin y limita el suministro total eventual a no más de 21 millones de bitcoins. Otra regla importante es el tamaño máximo de cada bloque, limitando el número total de transacciones que se pueden procesar cada vez que se extrae un nuevo bloque. Esta regla se creó originalmente en 2010 como un medio para prevenir ataques de negación de servicio en la naciente red.[46]

La regla del tamaño de bloque de Bitcoin fue el principal punto de discordia entre las dos facciones que debatían

45　http://bullishcaseforbitcoin.com/references/satoshi-protocol-quote
46　http://bullishcaseforbitcoin.com/references/theymos-dos-quote

el futuro de Bitcoin. Una facción, conocida como *big-blockers*, quería que se cambiara el protocolo de Bitcoin para que el tamaño del bloque fuera más grande y permitiera más transacciones. Una situación crucial era que, el cambio propuesto no sería compatible con versiones anteriores y causaría una división en la red a menos que todos los participantes lo adoptaran unánimemente y al mismo tiempo. Los *big-blockers* veían Bitcoin como un software, como Microsoft Word, que debería actualizarse frecuentemente para satisfacer los deseos de las empresas que lo utilizan principalmente con fines transaccionales. La otra facción, conocida como *small-blockers*, se resistió a tal cambio y advirtió que dejaría el control de Bitcoin en manos de las empresas impulsoras de la aparente actualización. También advirtieron que aumentar el tamaño del bloque disminuiría la descentralización de Bitcoin al requerir el uso de hardware más costoso, alejando a los participantes menos ricos de la red. Los *small-blockers* vieron Bitcoin no como un software sino como un protocolo y enfatizaron el costo para el ecosistema que resultaría de modificar sus reglas. Aún más importante, los *small-blockers* reconocieron que si fuera fácil cambiar una regla de consenso, todas las reglas, incluida la regla de subsidio de bloque de Bitcoin, serían más fáciles de modificar. Debido a que la demanda de Bitcoin como depósito de valor se basa en gran medida en la credibilidad de su política monetaria de oferta fija, cambiar el tamaño del bloque de Bitcoin socavaría indirectamente esa credibilidad.

El feroz debate entre las dos facciones de Bitcoin llegó a un punto crítico el 1 de agosto de 2017 cuando la facción de los *big-blockers* modificó el software de sus computadoras para acomodar bloques más grandes, haciéndolo incompatible con el resto de la red de Bitcoin. Las computadoras que ejecutaban el nuevo software fueron rechazadas de la red Bitcoin original y formaron una segunda red en un proceso conocido como bifurcación. La segunda red se conoció como Bitcoin Cash y tenía sus propios tokens que podían comercializarse en el mercado. El futuro de Bitcoin pasó de ser un debate interno de la comunidad de Bitcoin, al mercado donde los bitcoins, usando el símbolo de intercambio BTC, y los tokens de Bitcoin Cash, usando el símbolo BCH, se intercambiarían entre sí en una prueba económica de cuál visión atraería la mayor demanda de inversionistas. En los años siguientes, el mercado votó abrumadoramente a favor de la red original y una visión de Bitcoin como un depósito de valor no soberano. La red Bitcoin Cash se volvió irrelevante, y su pequeña comunidad se vio sacudida por continuas luchas internas y más cismas.

DESENLACE

El apoyo del mercado a la red Bitcoin con sus reglas de consenso originales dejó claro que el valor de Bitcoin radica más en su existencia como un protocolo en gran parte inmutable que como un software actualizable. Como protocolo con reglas de consenso fijas, el tamaño del bloque de Bitcoin y la cantidad de transacciones que se pueden admitir por bloque seguirán siendo limitados. La creciente adopción de Bitcoin resultará en una mayor demanda del espacio limitado por bloque para las transacciones, lo que implica que las tarifas de transacción deben aumentar con el tiempo. Por lo tanto, la red de Bitcoin se volverá poco económica para pagos pequeños como la compra de café o pan, pero seguirá siendo adecuada para la liquidación del tipo de transferencias de gran valor que sustentan el sistema financiero global. Los pagos más pequeños con bitcoins se realizarán en capas construidas sobre la red de Bitcoin, como la red Lightning o capas de transferencia de custodia como los bancos. Hal Finney, el brillante criptógrafo y primero en reconocer el potencial de la invención de Satoshi Nakamoto, escribió en 2010:

> Bitcoin en sí no puede escalarse para que todas las transacciones financieras del mundo se incluyan en la cadena de bloques y se transmitan a todos. Es necesario un nivel secundario de sistemas de pago, más liviano y eficiente.
>
> ...
>
> Creo que este será el destino final de Bitcoin, ser el "dinero de alto poder" que sirve como moneda de reserva para los bancos que emiten su propio efectivo digital.[47]

---

47 http://bullishcaseforbitcoin.com/references/finney-second-layer-quote

Finney reconoció implícitamente que Bitcoin primero tendría que establecerse como depósito de valor o moneda de reserva, como él lo llamó. Una vez establecido, los bitcoins podrían usarse para pagos diarios utilizando sistemas de capa superior. Entendió que Bitcoin no serviría como un sistema de pago compitiendo directamente con Visa o PayPal, sino como algo mucho más significativo: un depósito de valor no soberano que funcionaría como la base monetaria para un nuevo sistema financiero global. Este fue el destino escrito en el ADN de Bitcoin, sus reglas de consenso, desde el principio.

RECONOCIMIENTOS

Cuando comencé a escribir *La Tesis Alcista de Bitcoin* como un artículo extenso a comienzos de 2017, el precio de Bitcoin rondaba los $1,000 y esperaba que el artículo sirviera para explicar la importancia económica de esta tecnología revolucionaria a algunos amigos y tal vez a algunos inversionistas de Wall Street. No pensé que eventualmente el artículo sería leído por cientos de miles de personas alrededor del mundo y traducido a veinte idiomas distintos por voluntarios. Este inesperado número de lectores puede explicarse en parte por el creciente interés en comprender Bitcoin y su importancia, pero también puede atribuirse a la inestimable ayuda que recibí en la elaboración de un texto accesible e interesante para el público regular. En este sentido, deseo expresar mi gratitud a quienes contribuyeron a la creación del artículo original y a la finalización de este libro, que amplía significativamente sobre el primero.

Primero, quiero agradecer a Michael Saylor por escribir el Prólogo de este libro y por su generoso esfuerzo para brindar contenido educativo gratuito a través de su beneficencia, la Academia Saylor. En segundo lugar, quiero agradecer a @BitcoinUltras, seudónimo del artista que conocí en Twitter, quien se ofreció como voluntario para crear la portada y el hermoso arte que adorna cada capítulo. En tercer lugar, quiero agradecer a mi amigo Sanjay Mavinkurve quien generosamente creó los gráficos para este libro, los cuales personifican el aforismo de que una imagen vale más que mil palabras. Quiero agradecer a Daniel Coleman, Michael Hartl, Ben Davenport, Mat Balez, y Stephan Kinsella por su diligencia al editar mi manuscrito. Muchas personas me dieron realimentación para mejorar la claridad de mi escritura, y por esto quiero agradecer a Alex Morcos, John Pfeffer, Pierre Rochard, Koen Swinkels, Ray Boyapati, Michael Angelo, Patri Friedman, Ardian Tola, y Michael Flaxman.

Finalmente, y lo más importante, deseo agradecer a mi esposa Lisa por ayudarme a llevar a cabo este proyecto y por brindarme las tres mayores inspiraciones de mi vida, mis queridos hijos.

EXENCIÓN DE RESPONSABILIDAD

Las opiniones presentadas en este libro y cualquier error son propios del autor. El presente texto debe usarse sólo con fines informativos. No pretende dar consejos de inversión. Busque un profesional debidamente autorizado para obtener asesoramiento sobre inversiones..

SOBRE EL AUTOR

Nacido y criado en Australia, Vijay Boyapati se mudó a los Estados Unidos en el año 2000 para realizar un doctorado en Ciencias de la Computación. En lugar de inscribirse en un programa de doctorado, Boyapati terminó trabajando en un pequeño emprendimiento llamado Google, donde pasó varios años usando su experiencia en aprendizaje automatizado para mejorar los algoritmos de clasificación utilizados en Google News. Boyapati dejó su lucrativo trabajo en 2007 para trabajar en una campaña de base en las elecciones presidenciales de 2008, ayudando a recaudar millones de dólares y a traer cientos de voluntarios a New Hampshire para buscar votos para Ron Paul. En 2011, Boyapati descubrió Bitcoin y se hundió en el proverbial hoyo del conejo en la búsqueda por comprender cómo una nueva forma de dinero de Internet, respaldada por ningún bien básico y garantizada por ningún gobierno, podría tener algún valor económico. Armado con su experiencia en economía austriaca, Boyapati escribió La Tesis Alcista de Bitcoin como un artículo extenso en 2017 para proporcionar al público regular un marco económico con el que pudieran entender Bitcoin.

Vijay Boyapati tiene una licenciatura en ciencias con honores de primera clase de la Universidad Nacional de Australia, donde recibió el más alto honor de pregrado, la Medalla de la Universidad. Es esposo y padre amoroso de Addie, Will y Vivi. Vive con su familia en Seattle, Washington.

ÍNDICE

WWW.BULLISHCASEFORBITCOIN.COM